Bianca Beckers

Controlling:

Berufsfeldanalyse Deutschland und USA

IGEL Verlag

Bianca Beckers

Controlling:
Berufsfeldanalyse Deutschland und USA

1. Auflage 2010 | ISBN: 978-3-86815-287-6

© IGEL Verlag GmbH, 2010. Alle Rechte vorbehalten.

Die Deutsche Nationalbibliothek verzeichnet diesen Titel in der Deutschen Nationalbibliografie. Bibliografische Daten sind unter http://dnb.d-nb.de verfügbar.

Dieses Fachbuch wurde nach bestem Wissen und mit größtmöglicher Sorgfalt erstellt. Im Hinblick auf das Produkthaftungsgesetz weisen Autoren und Verlag darauf hin, dass inhaltliche Fehler und Änderungen nach Drucklegung dennoch nicht auszuschließen sind. Aus diesem Grund übernehmen Verlag und Autoren keine Haftung und Gewährleistung. Alle Angaben erfolgen ohne Gewähr.

Meiner Familie in großer Dankbarkeit gewidmet

IGEL Verlag

Dieses Buch entstand an der Georg-August-Universität unter der
Anregung und Anleitung von
Herrn Akad. Dir. Dr. H. Wedell,
dem ich für die hervorragende Betreuung
und die vielen wissenschaftlichen Gespräche herzlich danke.

Inhaltsverzeichnis

Inhaltsverzeichnis	I
Abbildungsverzeichnis	II
Tabellenverzeichnis	III
Abkürzungsverzeichnis	IV
1 Einführung	**1**
2 Begriffliche Abgrenzungen	**3**
2.1 Definition des Begriffes „Berufsfeld" und Einordnung des Controllings in ein Berufsfeld	3
2.2 Definition des deutschen Controllings	5
2.3 Definition des US-amerikanischen Management Accountings	8
2.4 Literaturmeinungen zu Unterschieden zwischen dem deutschen und US-amerikanischen Rechnungswesen	11
3 Einflussfaktoren und deren Auswirkungen auf das Berufsfeld „Controlling"	**15**
3.1 Konvergierende Einflussfaktoren	16
3.1.1 Globalisierung	16
3.1.2 Technologischer Fortschritt	17
3.1.3 Harmonisierung der Rechnungslegung	18
3.1.4 Globale Forschung	21
3.2 Divergierender Einflussfaktor - Kultur	25
4 Das Berufsfeld des Controllers und des Management Accountants	**29**
4.1 Entwicklungen der Controllerrollen	29
4.1.1 Rollenbilder des Management Accountants in den USA	30
4.1.2 Rollenbilder der Controller in Deutschland	32
4.2 Das gegenwärtige Anforderungsprofil des deutschen Controllers und des US-amerikanischen Management Accountants	36
4.2.1 Berufsaufgaben	36
4.2.2 Kenntnisse und Fähigkeiten	42
4.2.2.1 Fachliche Anforderungen	43
4.2.2.2 Persönliche Anforderungen	44
4.2.2.3 Kenntnisse und Fähigkeiten aus empirischen Studien	46
4.2.3 Ausbildungswege	49
4.2.4 Berufsaussichten, Karrierepfad und Gehälter	52
5 Kritische Betrachtung der Controllingausbildung	**54**
5.1 Auffassungen zur Controllingausbildung in Deutschland	54
5.2 Auffassungen zur Controllingausbildung in den USA	60
6 Zusammenfassung und Schlussfolgerung	**66**
Literaturverzeichnis	69

Abbildungsverzeichnis

Abbildung 1: Konvergierende und divergierende Einflussfaktoren auf das Berufsfeld „Controlling" in Deutschland und den USA ... 15
Abbildung 2: Zusammenhang zwischen Rollenbildern und Unternehmenserfolg ... 35
Abbildung 3: Aufgabeninhalte der Controller in Deutschland und den USA ... 37
Abbildung 4: Controllingaufgaben ... 40
Abbildung 5: Aktuelle Voraussetzungen für den Controllerberuf ... 47
Abbildung 6: Most important Knowledge, Skills and Abilities for Work ... 48

Tabellenverzeichnis

Tabelle 1:	Gegenüberstellung ausgewählter Controllingkonzepte	7
Tabelle 2:	Wesentliche Unterschiede zwischen dem Financial und Managerial Accounting	12
Tabelle 3:	Übersicht publizierter Artikel über das deutsche Controlling in den USA	24
Tabelle 4:	Unterschiede zwischen der deutschen und amerikanischen Wirtschaftskultur	26

Abkürzungsverzeichnis

AAA	American Accounting Association
ABC	Activity Based Costing
AICPA	American Institute of Certified Public Accountants
AKSAs	Accounting Knowledge and Skills Areas
BBiG	Berufsbildungsgesetz
BiBB	Bundesinstitut für Berufsbildung
CAO	Chief Accounting Officer
CEO	Chief Executive Officer
CFO	Chief Financial Officer
CMA	Certified Management Accountant
CPA	Certified Public Accountant
DCGK	Deutscher Corporate Governance Kodex
Def.	Definition
FASB	Financial Accounting Standards Board
FEI	Financial Executives International
GPK	Grenzplankostenrechnung
HGB	Handelsgesetzbuch
HRG	Hochschulrahmengesetz
HwO	Handwerksordnung
IASB	International Accounting Standards Board
ICV	Internationaler Controller Verein
IFRS	International Financial Reporting Standards
IGC	International Group of Controlling
IHK	Industrie- und Handelskammer
IMA	Institute of Management Accountants
IRS	International Reporting Standards
KonTraG	Gesetz zur Kontrolle und Transparenz im Unternehmensbereich
MA	Management Accounting/Management Accountant
NMWK	Niedersächsisches Ministerium für Wissenschaft und Kultur
OECD	Organisation for Economic Co-operation and Development
RCA	Resource Consumption Accounting
SEC	Securities and Exchange Commission

SOX	Sarbanes-Oxley Act
SUA	strong uncertainty avoidance
US-GAAP	United States Generally Accepted Accounting Principles
WUA	weak uncertainty avoidance

1 Einführung

Der Beruf des Controllers[1] hat in den USA seine Ursprünge im Jahr 1778, als der amerikanische Kongress per Gesetz Controllerstellen schuf. Die zu jener Zeit bezeichneten „Comptroller" waren im staatlichen Bereich tätig und hatten über das Gleichgewicht zwischen dem Staatsbudget und der Verwendung der Staatsausgaben zu wachen. Rund 100 Jahre später arbeiteten Controller erstmalig in einem privatwirtschaftlichen Transportunternehmen der Eisenbahnindustrie. Der Bedarf an Controllerstellen in den USA stieg aufgrund des ständigen Wachstums der Unternehmen in den 20er Jahren des letzten Jahrhunderts. Durch die Ansiedlung amerikanischer Tochterunternehmen gelang der Beruf des Controllers in den 60er Jahren nach Deutschland und entwickelte sich bis heute zu einem eigenständigen Beruf.

Die deutsche Controllingforschung sieht die USA als das historische Ursprungsland des Controllings an.[2] Auch an der deutschen Bezeichnung „Controlling" ist der englische Wortstamm „to control" erkennbar. Die genannten Tatsachen sprechen daher für eine ländervergleichende Analyse des deutschen und US-amerikanischen Berufsfeldes „Controlling". Allerdings liegen in der Literatur keine aktuellen Studien zum internationalen Vergleich des Controllings vor. Der Erhebungszeitpunkt der einzigen vergleichenden Studie[3] zwischen Deutschland und den USA liegt 16 Jahre zurück. Da sich die Arbeitswelt in Zeiten der Globalisierung, aber insbesondere durch den technischen Fortschritt stark verändert hat, rückt die Relevanz dieser Studie in weite Ferne.

Das Ziel dieser Arbeit ist die Darstellung des Berufsfeldes „Controlling" in Deutschland und den USA anhand von nationalen Studien und Auffassungen in der Literatur. Von einer direkten Gegenüberstellung des deutschen und amerikanischen Berufsfeldes „Controlling" wird abgesehen, da erstens in der deutschen und US-amerikanischen Literatur keine zeitgleichen Studien in Bezug auf den Beruf des Controllers existieren und zweitens das Berufsfeld des deutschen und US-amerikanischen Controllers unterschiedlich geprägt ist. SCHERRER fasst die Unterschiede des Berufsfeldes „Controlling" in Deutschland und den USA wie folgt zusammen:

---

[1] Aus Gründen der Lesbarkeit wird auf die Doppelbezeichnung männlicher und weiblicher Berufsbezeichnungen verzichtet; grundsätzlich sind immer Controllerinnen und Controller gemeint.
[2] Vgl. STOFFEL; K.: (Controllership im Vergleich), S. 4.
[3] Vgl. die Studie von STOFFEL; K.: *Controllership im internationalen Vergleich*.

„The development of management accounting in Germany has resulted primarily from the efforts of academics rather than practitioners. This may be tied to the absence of an independent professional body. There is no professional body of management accountants in Germany [...] such as the Institute of Management Accountants in the United States. There are Wirtschaftsprüfer (chartered accountants) and Steuerberater (tax advisers) in Germany, but no professional management accountants with their own authoritative body"[4].

In der englischsprachigen Welt ist das Management Accounting ein Beruf „with the appropiate structures, such as ethical and disciplinary committees"[5], während das Controlling in Deutschland eine akademische Disziplin[6] darstellt. Dieser Unterschied führt dazu, dass die Controllingforschung in Deutschland theoriegeleitet[7], in den USA dagegen eher praxisorientiert ist. Die uneinheitlichen Auslegungen zur Controllingforschung konnten in einer vergleichenden Lehrbuchuntersuchung deutsch- und englischsprachiger Controllingwerke belegt werden.[8] Die benannten Fakten führen somit zu einem unterschiedlichen Arbeitsumfeld des deutschen Controllers und des US-amerikanischen Management Accountants und darüber hinaus erschweren sie eine auf Literaturrecherche basierende Gegenüberstellung.

„Im Kern [...] ist Controllerarbeit kaufmännischer Natur mit [...] [der] Erfordernis betriebswirtschaftlicher Methodenkompetenz"[9]. Ob dieses Zitat auf den Beruf des deutschen und amerikanischen Controllers zutrifft, soll neben dem Hauptziel, der Darstellung des Berufsfeldes „Controlling", geprüft werden.

---

[4] SCHERRER, G.: (MA – A German Perspective), S. 100.
[5] SHERIDAN, T.: (Management accounting in global corporations), S. 289.
[6] Vgl. hierzu die Ausführung von SCHÄFFER, U./BINDER, C.: ("Controlling" as academic discipline), S. 13-74.
[7] Vgl. HOFFJAN, A./WÖMPENER, A.: (Comparative Management Accounting), S. 53.
[8] Vgl. ebenda, S. 63.
[9] DEYHLE, A./GÜNTHER, C.: (How to train a Controller), S. 411.

2 Begriffliche Abgrenzungen

Dieses Kapitel dient der Definition der fundamentalen Begrifflichkeiten. Das Berufsfeld „Controlling" bedarf einer näheren Erläuterung: Zunächst wird auf den Begriff „Berufsfeld", wie er in der deutschsprachigen Literatur verwendet wird, eingegangen und der Beruf des Controllers seinem Berufsfeld zugeordnet. Anschließend werden das deutsche Controlling und dessen US-amerikanisches Gegenstück Management Accounting definiert. In Kapitel 2.4 findet sich die Darstellung der Literaturmeinungen zu Unterschieden zwischen dem deutschen und US-amerikanischen Rechnungswesen. Diese Unterscheidung ist wichtig für das Gesamtverständnis vom Berufsfeld „Controlling", weil erklärt wird, wo das jeweilige Controlling im Rechnungswesen des deutschen bzw. amerikanischen Unternehmens eingeordnet ist.

2.1 Definition des Begriffes „Berufsfeld" und Einordnung des Controllings in ein Berufsfeld

Vor der Erörterung des konkreten Berufsfeldes „Controlling" erfolgt die allgemeine Definition des Berufsfeldes. Der Begriff „Berufsfeld" bezieht sich in der Literatur auf Ausbildungs- oder Erwerbsberufe. In Deutschland wird der Begriff „Berufsfeld" seit den 70er Jahren zur Beschreibung von Ausbildungsberufen nach dem Berufsbildungsgesetz (BBiG) oder der Handwerksordnung (HwO) genutzt. Es gibt derzeit 13 Berufsfelder, die entweder im Rahmen des Berufsgrundbildungsjahres, beim berufsfeldbezogenen Unterricht an Berufsschulen oder für die Ausbildung von Berufsschullehrern Anwendung finden.[10] Da es in Deutschland keinen eigenständigen Ausbildungsberuf zum Controller gibt[11], kann das Berufsfeld „Controlling" nicht im Bereich der Ausbildungsberufe angesiedelt werden. Im Folgenden wird geprüft, ob der Beruf des Controllers in Bezug auf Erwerbsberufe zu finden ist.

Das Bundesinstitut für Berufsbildung in Bonn (BiBB) hat die Erwerbsberufe mit dem Ziel, Qualifikationsentwicklungen aufzuspüren und Qualifikationsbedarfe zukünftig zu prognostizieren, in 54 Berufsfelder zusammengefasst.[12] Der Controller wird dem Berufsfeld 37, Finanz-, Rechnungswesen, Buchhaltung, zugeordnet.[13] Hinter dem Controller verbirgt sich aus institutioneller Sichtweise ein Stelleninhaber, der für Manager Aufgaben

---

[10] Vgl. TIEMANN, M.: (Berufsfelder im Vergleich), S. 2 ff.
[11] Vgl. BIBB: (Liste der Ausbildungsberufe).
[12] Vgl. TIEMANN, M.: (Berufsfelder im Vergleich), S. 2.
[13] Vgl. TIEMANN et al.: (Berufsfeld Def.), S. 13.

ausführt.¹⁴ Infolgedessen wird dem Controlling kein eigenständiges Berufsfeld in der deutschsprachigen Literatur zugeordnet. Controlling ist nach der Auffassung von WEBER eine spezielle Führungs- und Managementfunktion, die von den Controllern und anderen Aufgabenträgern vollzogen wird.¹⁵ Als eigene Wissenschaft ist Controlling noch nicht ausgereift, so dass sich die Aufgaben und Tätigkeiten ständig ändern bzw. ergänzt werden. Somit ist es sinnvoll, den Controller in ein übergeordnetes Berufsfeld einzuordnen. Laut PAHL wird das „jeweils spezifische Berufsfeld [...] durch den Inhalt und die Ausformungen der in ihm vereinigten Berufe charakterisiert"¹⁶. Der Controller arbeitet mit den Daten des Finanz- und Rechnungswesens und der Buchhaltung. Sie stellen gewissermaßen seine Arbeitsmittel dar. Diese Daten interpretiert er und leitet sie an die Unternehmensführung weiter. Nach dem Berufsfeldverständnis von PAHL lässt sich der Erwerbsberuf des Controllers folglich am ehesten in das Berufsfeld 37 einordnen.

In der wissenschaftlichen Diskussion gibt es kein Berufsfeld „Controlling". Es existiert nur das Berufsfeld 37, dem der Beruf des Controllers zugeordnet wird. Im Folgenden wird daher die Herangehensweise an den Begriff „Berufsfeld", wie er in dieser Arbeit verwendet wird, erläutert. In Berufsfeldern werden verwandte Berufe, die gemeinsame Tätigkeiten, Ausbildungswege oder Anforderungen verbinden, zu einer Einheit zusammengefasst. Das Berufsfeld des Controllers setzt sich somit aus dem Tätigkeitsspektrum, den fachlichen und persönlichen Anforderungen und dem Ausbildungsweg zusammen. Es wird ergänzt um das Rollenverständnis des Controllers, weil dieses das Fremd- und Selbstverständnis eines Berufes verkörpert, und um die Berufsaussichten, Karrierepfade und Gehälter der Controller in Deutschland und den USA. Durch diese Herangehensweise an das Berufsfeld „Controlling" wird das große Arbeitsgebiet bzw. Tätigkeitsfeld des Controllers abgedeckt.

---

[14] Vgl. WEBER, J./SCHÄFFER, U.: (Einführung Controlling), S. 1.
[15] Vgl. ebenda, S. 1.
[16] PAHL, J.: (Berufsfelder), S. 18. Die ausführliche Definition nach PAHL (S. 18) lautet: „Ein Berufsfeld stellt die Gesamtheit der in ihm vereinigten Berufe dar, wobei es durch die involvierten und in diesem Bereich arbeitenden Personen mit ihren entsprechenden Qualifikationen, durch die erforderlichen Tätigkeiten und die technischen Gegebenheiten bzw. anderweitigen Arbeitsmittel, Arbeitsgegenstände und –methoden nichttechnischer Art repräsentiert wird."

2.2 Definition des deutschen Controllings

Der Begriff „Controlling" erschien im deutschen Sprachraum erstmalig in den 50er Jahren. Das erste Lehrbuch, welches dem Controlling gewidmet war, wurde 1979 von PÉTER HORVÁTH publiziert. Sowohl in der unternehmerischen Praxis als auch im akademischen Diskurs ersetzte Controlling den zuvor üblichen Begriff „Kostenrechnung", welcher von SCHMALENBACH zu Beginn des 20. Jahrhunderts eingeführt wurde. Obwohl Kostenrechnung noch immer das Herzstück der Controllertätigkeit darstellt, wird Controlling als ein gesondertes Gebiet sowohl in der unternehmerischen Praxis als auch im akademischen Diskurs gesehen. Das Selbstverständnis von Controlling-Praktikern und -Forschern hat sich in Richtung Unternehmensführung geändert.[17]

Beim Versuch, eine einheitliche Definition für den Begriff „Controlling" zu finden, stößt der Leser auf eine Vielzahl von unterschiedlichen Begriffsbestimmungen. In der deutschen Literatur wird Controlling heterogen definiert.[18] Die Definition von HORVÁTH lautet,

> „Controlling ist –funktional gesehen– dasjenige Subsystem der Führung, das Planung und Kontrolle sowie Informationsversorgung systembildend und systemkoppelnd ergebniszielorientiert koordiniert und so die Adaption und Koordination des Gesamtsystems unterstützt. Controlling stellt damit eine Unterstützung der Führung dar: Es ermöglicht ihr, das Gesamtsystem ergebniszielorientiert an Umweltänderungen anzupassen und die Koordinationsaufgaben hinsichtlich des operativen Systems wahrzunehmen"[19].

REICHMANN definiert,

> „Controlling ist die zielbezogene Unterstützung von Führungsaufgaben, die der systemgestützten Informationsbeschaffung und Informationsverarbeitung zur Planerstellung, Koordination und Kontrolle dient; es ist eine rechnungswesen- und vorsystemgestützte Systematik zur Verbesserung der Entscheidungsqualität auf allen Führungsstufen der Unternehmung"[20].

---

[17] Vgl. zu diesem Absatz BECKER, A./MESSNER, M.: (After the Scandals), S. 418.
[18] Vgl. WEBER, J./SCHÄFFER, U./PRENZLER, C.: (A German Perspective), S. 3.
[19] HORVÁTH, P.: (Controlling), S. 134.
[20] REICHMANN, T.: (Controlling), S. 13.

Diese beiden Definitionen verdeutlichen, dass von einem einheitlichen Controllingverständnis nicht die Rede sein kann.[21] Jeder Wissenschaftler hat eine eigene Auffassung vom Controlling. AHN zeigte in seiner empirischen Studie zum *Ansehen und Verständnis des Controlling[s] in der Betriebwirtschaftlehre*, dass „kaum die Rede von einem vorherrschenden Controlling-Verständnis sein"[22] kann.

In Tabelle[23] 1 wird eine Auswahl von Ansätzen führender deutscher Controllingvertreter und deren Auffassungen über das Controlling dargelegt. HAHN, HORVÁTH und REICHMANN betrachten

> „Controlling als Führungsunterstützungsfunktion, die primär auf das Ergebnisziel ausgerichtet ist, und die Koordination auf zwei Subsysteme der Führung beschränkt: das informationsverarbeitende Planungs- und Kontrollsystem sowie das Informationsversorgungssystem"[24].

KÜPPER und WEBER hingegen

> „betrachten Controlling als Funktion der Metaführung. Sie beinhaltet die Koordination des Führungssystems als Ganzes im Hinblick auf frei wählbare Ziele bzw. Zielsysteme. Zu dem Führungssystem als Ganzes zählen das Planungs-, das Organisations-, das Kontroll-, das Informations-, das Personalführungs- und das Wertesystem"[25].

Die verschiedenen Ansätze reflektieren, dass in der deutschsprachigen Forschung der Begriff und die Bedeutung des Controllings umstritten sind, obwohl sich das Controlling in der unternehmerischen Praxis längst etabliert hat und nicht mehr wegzudenken ist.[26]

---

[21] Vgl. KÜPPER, H.-U./WEBER, J./ZÜND, A.: (Verständnis des Controlling), S. 282.
[22] AHN, H.: (Ansehen und Verständnis des Controlling), S. 113.
[23] In Anlehnung an HAHN, D./HUNGENBERG, H.: (PuK), S. 276; WEBER, J./SCHÄFFER, U.: (Einführung Controlling), S. 16-24.
[24] HAHN, D.: (Controlling in Deutschland), S. 17.
[25] Ebenda, S. 27.
[26] Vgl. PAETZMANN, K.: (Internationalisierung des Controlling), S. 291.

	Hahn	Horváth	Reichmann	Küpper	Weber
Controllingkonzeptionen in der deutschen Literatur	Planungs- und Kontrollorientierte Konzeption	Systemorientierte Konzeption	Informationsorientierte Konzeption	Koordinationsorientierte Konzeption	Rationalitätssichernde Konzeption
Primäre Ausrichtung des Controllings auf	Alle Unternehmensziele	-	-	-	Gesamtes Zielsystem der Unternehmung
	Ausgewählte Unternehmensziele	Ergebnisziel	Ergebnisziel	Ergebnisziel	Gesamtes Zielsystem der Unternehmung	-
Ziele des Controllings	Ergebnisoptimierung	Ergebnisoptimierung	Ergebnisoptimierung	Koordinationsoptimierung	Führungsoptimierung
Generelle Aufgabe des Controllings	Informationelle Sicherung bzw. Sicherstellung ergebnisorientierter Planung, Steuerung und Kontrolle - vielfach verbunden mit einer Integrations- bzw. Systemgestaltungsfunktion, grundsätzlich verbunden mit einer Koordinationsfunktion.	Ergebnisorientierte systembildende und systemkoppelnde Koordination von Planung und Kontrolle sowie Informationsversorgung.	Informationsbeschaffung und -verarbeitung zur Planerstellung, Koordination und Kontrolle.	Koordination des Führungssystems (Bestandteile des Führungssystems: Organisation, Planungs- und Kontrollsystem, Informationssystem, Personalführungssystem, Zielsystem, Führungsgrundsätze).	Sicherstellung der Rationalität der Führung.

Tabelle 1: Gegenüberstellung ausgewählter Controllingkonzepte

Eine verbreitete Definition über die Funktion der Controller bietet das Controller-Leitbild der International Group of Controlling (IGC), welches 1996 erstmalig formuliert wurde. Nachstehend wird die aktuellste Version angeführt:

> **Controller-Leitbild der International Group of Controlling
> in der Fassung vom 14.09.2002**
>
> Controller gestalten und begleiten den Management-Prozess der Zielfindung, Planung und Steuerung und tragen damit eine Mitverantwortung für die Zielerreichung. Das heißt:
> - Controller sorgen für Strategie-, Ergebnis-, Finanz- und Prozesstransparenz und tragen somit zu höherer Wirtschaftlichkeit bei.
> - Controller koordinieren Teilziele und Teilpläne ganzheitlich und organisieren unternehmensübergreifend das zukunftsorientierte Berichtswesen.
> - Controller moderieren und gestalten den Management-Prozess der Zielfindung, der Planung und der Steuerung so, dass jeder Entscheidungsträger zielorientiert handeln kann.
> - Controller leisten den dazu erforderlichen Service der betriebswirtschaftlichen Daten- und Informationsversorgung.
> - Controller gestalten und pflegen die Controllingsysteme.[27]

Das Leitbild drückt das Selbstverständnis der Controller aus, fördert und erleichtert die Erklärung des Begriffes „Controlling" und hilft praktizierenden Controllern sich zu positionieren.[28] Zudem wurde das Leitbild vom Internationalen Controlling Verein (ICV) übernommen und „bildet das Fundament der vom ICV vertretenen Controllingphilosophien"[29]. Dieser Arbeit wird das oben genannte Leitbild zu Grundlage gelegt.

2.3 Definition des US-amerikanischen Management Accountings

Das US-amerikanische Gegenstück zum deutschen Controlling ist das Management Accounting. Diese beiden Begriffe werden in der Literatur weitgehend übereinstimmend betrachtet.[30] Der Begriff Management Accounting wird erst seit 1950/60 verwendet. Zuvor verwendete die angel-

---

[27] Zitiert nach IGC: (Controller-Leitbild).
[28] Vgl. BIEL, A.: (Controller-Leitbild), S. 7.
[29] Ebenda, S. 10.
[30] Vgl. WEBER, J./SCHÄFFER, U.: (Einführung Controlling), S. 25; SHERIDAN, T.: (Management accounting in global corporations), S. 289; SIEGWART, H.: (amerikanisches und deutsches Controlling), S. 98; HOFFJAN, A./WÖMPENER, A.: (Comparative Management Accounting), S. 50; ROSO, M./VORMWEG, R./WALL, F.: (Controlling im Spiegel Literatur), S. 70; HORVÁTH, P.: (Controlling), S. 134.

sächsische Literatur den Begriff Cost Accounting.[31] Das Management Accounting wird als der Teil des Rechnungswesens gesehen, „der überwiegend *interne aber teilweise auch externe Daten für Managemententscheidungsprozesse aufarbeitet* und sich dabei aller für diese Zwecke *geeigneten Methoden* bedient"[32].

In US-amerikanischen Lehrbüchern findet sich wie in der deutschsprachigen Literatur keine einheitliche Definition für das Management Accounting. HORNGREN, SUNDEN und STRATTON definieren Management accounting als den „process of identifying, measuring, accumulating, analyzing, preparing, interpreting, and communicating information that helps managers fulfill organizational objectives"[33]. ATKINSON ET AL. hingegen meinen, dass „Management Accounting systems provide information, both financial and nonfinancial, to managers and employees inside an organization"[34]. Aus diesen beiden Definitionen wird ersichtlich, dass das Management Accounting als Unterstützungsfunktion des Managements verstanden wird.

In der amerikanischen Management Accounting Literatur gibt es auch die englische Berufsbezeichnung „Controller". „The title controller is used to designate the chief accounting officer of a corporation. The controller is usually responsible for both the financial and managerial accounting functions of the organization"[35]. Dieses Verständnis teilen auch andere Autoren.[36] Oft wird der Controller als Chief Financial Officer (CFO)[37] oder Chief Accounting Officer (CAO)[38] bezeichnet. Von HORNGEN, SUNDEM und STRATTON wird der Hinweis gegeben, dass die „controller position varies in stature and duties from company to company"[39] und dass der „term *comptroller* is used primarily in government organizations"[40]. Ob nun dieser Controller dem deutschen Controller entspricht, bedarf weiterer internationaler Analysen zum komparativen Controlling. Den Begriffen des deutschen und amerikanischen Controllings haben ROSO, VORMEWEG und WALL 2003 zuletzt einer vergleichenden Analyse anhand von Lehrbüchern

---

[31] Vgl. SCHÖNFELD, H.: (Entwicklung des MA in den USA), S. 348.
[32] Ebenda S. 348.
[33] HORNGREN, C./SUNDEM, G./STRATTON, W.: (Introduction to MA), S. 5.
[34] ATKINSON et al.: (Management Accounting), S. 3.
[35] MARSHALL, D./MC MANUS,W./VIELE, D.: (Accounting), S. 6.
[36] Vgl. HORNGREN et al.: (Cost Accounting), S. 39, ROEHL-ANDERSON, J./BRAGG, S.: (Controllership), S. 11.
[37] Vgl. ANTHONY, R.N./GOVINDARJAN, V.: (Management Control Systems), S. 110.
[38] Vgl. ROEHL-ANDERSON, J./BRAGG, S.: (Controllership), S. 11.
[39] HORNGREN, C./SUNDEM, G./STRATTON, W.: (Introduction to MA), S. 17.
[40] Ebenda, S. 17.

unterzogen. Managerial Accounting und Cost Accounting wurden in ihrer Untersuchung der Nutzung und Deutung der Begriffe als Synonym für das Management Accounting ergründet.[41] Bezogen auf das Management Accounting herrscht in der amerikanischen Sprache eine große Begriffsvielfalt. Das Institute of Management Accountants[42] (IMA) weist auf seiner Website darauf hin, dass die folgenden Titel in den USA für den Management Accountant existieren:

- Staff Accountant
- Cost Accountant
- Senior Accountant
- Corporate or Division Planner
- Financial Analyst
- Budget Analyst
- Internal Auditor
- Finance Manager
- Controller
- Vice President, Finance
- Treasurer
- Chief Financial Officer (CFO)
- Chief Executive Officer (CEO).[43]

In dieser Arbeit wird Management Accounting als Synonym für das deutsche Controlling verwendet. Als Definition vom Management Accounting wird die Begriffsbestimmung vom IMA zu Grunde gelegt.

---

[41] Vgl. zu diesen Ausführungen ROSO, M./VORMWEG, R./WALL, F.: (Controllingnahe Begriffe), S. 57.

[42] "With a worldwide network of about 60,000 professionals, IMA is the world's leading organization dedicated to empowering accounting and finance professionals to drive business performance. IMA provides a dynamic forum for professionals to advance their careers through Certified Management Accountant (CMA®) certification, research, professional education, networking and advocacy of the highest ethical and professional standards.
IMA members are business leaders, managers, and decision makers in management accounting and finance. They are dedicated to continued professional development, achieving the highest levels of professional certification, and supporting each other in their commitment to professional excellence" zitiert nach IMA: (Asked Questions).

[43] IMA: (About Management Accounting).

> **Management Accounting Definition des Institute of Management Accountants:**
> Management accounting is a profession that involves partnering in management decision making, devising planning and performance management systems, and providing expertise in financial reporting and control to assist management in the formulation and implementation of an organization's strategy.[44]

Diese Definition kann als Grundlage zur Lehre der kognitiven Aspekte des Faches und zum Evaluieren der Verhaltenscharaktere der Berufsinhaber dienen. Daneben hilft diese Begriffsbestimmung, den Platz des Management Accountings in der heutigen und in der zukünftigen Gesellschaft, seine Grenzen und seine Identität zu definieren.[45]

2.4 Literaturmeinungen zu Unterschieden zwischen dem deutschen und US-amerikanischen Rechnungswesen

Der entscheidende Unterschied zwischen dem deutschen und dem US-amerikanischen Rechnungswesen drückt sich in der Aufteilung des Rechnungswesens aus. In Deutschland wird zwischen dem internen und externen Rechnungswesen unterschieden. Das Controlling findet seinen Platz im entscheidungsorientierten internen Rechnungswesen und traditionell nicht im rechtsnormbestimmten externen Rechnungswesen.[46] „In Deutschland entwickelte das interne Rechnungswesen als Steuerungsinstrument seit Schmalenbach ein starkes Eigenleben. In der Folge entstand eine Controllingfunktion, die vom externen Rechnungswesen separiert war"[47]. Die Begründung für diese spezifische Entwicklung sieht WEBER darin, dass deutschsprachige Betriebswirte seit mehr als 100 Jahren die klare Aufteilung vom internen und externen Rechnungswesen kennen und schätzen.[48]

> „Diese Unterteilung ermöglicht es, Informationen für das Management bereitzustellen, die nicht durch ‚betriebsfremde' Zwecke beeinflusst, ja ‚verzerrt' werden. Das Management erhält detaillierte Informationen über den Ressourcenverzehr in den Kostenstellen, über die innerbetrieblichen Werteströme, über die Kosten- und Ergebnissituation seiner Produkte"[49].

---

[44] IMA: (Definition of Management Accounting), S. 1.
[45] Vgl. zu diesen Ausführungen IMA: (Definition of Management Accounting), S. 1.
[46] Vgl. PAETZMANN, K.: (Internationalisierung des Controlling), S. 298.
[47] Vgl. HORVÁTH, P.: (Controller: Navigator der Führung), S. 33.
[48] Vgl. WEBER, J.: (USA als Referenz?), S. 281.
[49] WEBER, J.: (USA als Referenz?), S. 281.

In den letzten Jahren entstanden jedoch durch die Internationalisierung der Wirtschaft und aus Wirtschaftlichkeitsgründen in Deutschland starke Konvergenztendenzen zwischen externem und internem Rechnungswesen[50] (vgl. hierzu im Detail Kapitel 3.1.3).

Diese Separation vom internen und externen Rechnungswesen ist in diesem Ausmaß in den USA nicht gegeben. Hier ist das Controlling eng mit Finanzen und externem Rechnungswesen verbunden.[51] STOFFEL konnte diesen Sachverhalt in seiner Studie dadurch bestätigen, dass das interne und externe Rechnungswesen die wesentlichen Controlleraufgabenbereiche des amerikanischen Controllers sind.[52] Dennoch ist an dieser Stelle anzumerken, dass in amerikanischen Lehrbüchern zwischen dem Financial Accounting und dem Managerial Accounting[53] unterschieden wird (vgl. hierzu Tabelle 2).

	Financial Accounting	Managerial Accounting
Audience	External: Stockholders, creditors, tax authorities	Internal: Workers, managers, executives
Purpose	Report on past performance to external parties; provide a contracting basis for owners and lenders	Inform internal decisions made by employees and managers; feedback and control on operating performance
Timeliness	Delayed; historical	Current; future oriented
Restrictions	Regulated; rules driven by GAAP and government authorities	No regulations; systems and information determined by management to meet strategic and operational needs
Type of Information	Financial measurements only	Financial plus operational and physical measurements on processes, technologies, suppliers, customers, and competitors
Nature of Information	Objective, auditable, reliable, consistent, precise	More subjective and judgmental; valid, relevant, accurate
Scope	Highly aggregate; report on entire organization	Disaggregate, inform local decisions and actions

Tabelle 2: Wesentliche Unterschiede zwischen dem Financial und Managerial Accounting

Aus Tabelle 2 wird ersichtlich, dass die internen und externen Informationsempfänger denen des deutschen Rechnungswesens gleichen. Sie lässt weiterhin vermuten, dass es in den USA zwei separate Systeme mit unterschiedlichen Rechenkreisen für das Management Accounting und dem

---

[50] Vgl. HORVÁTH, P.: (Controller: Navigator der Führung), S. 33.
[51] Vgl. HORVÁTH, P.: (Controller: Navigator der Führung), S. 33.
[52] Vgl. STOFFEL, K.: (Controllership im Vergleich), S. 158 ff.
[53] Managerial Accounting ist ein Synonym zum Management Accounting.

Financial Accounting wie in Deutschland gibt. Allerdings kam HEBELER in seiner empirischen Untersuchung zur Gestaltung US-amerikanischer Accounting-Systeme zu dem Ergebnis, dass die Mehrzahl der befragten Unternehmen ein Integrated Accounting System hat und keine zwei getrennten Zahlenkreise.[54] Die Begründung dafür liegt im Argument der Cost-effectivness. Die Kosteneffizienz lehnt eine differenzierte Systemausgestaltung ab. Infolgedessen stammen die Informationen für das Management Accounting aus den Kostenrechnungssystemen des Financial Accountings.[55] Diese Informationsquelle für das Management Accounting ist das Cost Accounting. Es dient als Bindeglied zwischen Management Accounting und Financial Accounting.[56] In den Worten von MARSHALL, MC MANUS und VIELE ist Cost Accounting ein Teilsystem des Management Accountings. Es bezieht sich auf die Festlegung und Sammlung von Produkt-, Prozess- und Betriebskosten.[57] „Cost Accounting measures, analyzes, and reports financial and nonfinancial information relating to the costs of acquiring or using resources in an organization"[58].

Aus den obigen Erklärungen wird ersichtlich, dass sich die dem deutschen und dem amerikanischen Controlling zugrunde liegende Datenbasis unterscheidet.

> „Während in Deutschland durch Verwendung des Zweikreissystems die Daten des externen Rechnungswesens von denen des Controllings getrennt werden, wird im angloamerikanischen Sprachraum eine einheitliche Datenbasis für externe und interne Berichterstattung eingesetzt"[59].

Das US-amerikanische Einkreissystem wird als General Ledger System bezeichnet. Es stellt ein umfassendes Hauptbuch dar.[60] Dieser grundlegende Unterschied[61] ist bei der Darstellung der Berufsaufgaben hinsichtlich der Aufgabenvielfalt des deutschen und amerikanischen Controllers von Bedeutung. Außerdem zeigt sich wie heterogen das Rechnungswe-

---

[54] Vgl. hierzu das Untersuchungsergebnis von HEBELER, C.: (Harmonisierung des Rechnungswesens), S. 231.
[55] Vgl. ebenda, S. 230.
[56] Vgl. ZIRKLER, B.: (Führungsorientiertes US-amerikanisches MA), S. 18.
[57] Vgl. MARSHALL, D./MC MANUS,W./VIELE, D.: (Accounting), S. 6 f.
[58] Vgl. HORNGREN et al.: (Cost Accounting), S. 30.
[59] HOFFJAN, A.: (Comparative Management Accounting), S. 660.
[60] Vgl. ZIRKLER, B.: (Führungsorientiertes US-amerikanisches MA), S. 20.
[61] Vgl. zu weiteren Unterschieden den Artikel von HIRSCH, B./MERTINS, C.: (Management Accounting in USA), S. 14-19.

sen und somit auch das deutsche und US-amerikanische Berufsfeld „Controlling" geprägt ist.

Differenzen zwischen nationalen Rechnungswesenssystemen und dem Controlling sind nicht zufällig, sondern ein Ausdruck der Geschichte, der Wirtschaft und der gesellschaftlichen Bedingungen eines Landes. Das deutsche Rechnungswesen orientiert sich am Interessensschutz der Gläubiger und dem Vorsichtsprinzip. Hingegen ist das US-amerikanische Rechnungswesen kapitalmarktorientiert und möchte seine Anteilseigner mit ausreichenden Informationen versorgen.[62] Das US-amerikanische und deutsche Rechnungslegungssystem ist infolgedessen grundlegend verschieden. Das deutsche Handelsgesetzbuch (HGB) wird als Repräsentant der kontinentaleuropäischen Sichtweise angesehen, da es insbesondere an Gläubiger, Investoren, die Belegschaft und die breite Öffentlichkeit (Stakeholder-Value Prinzip) gerichtet ist. Die anglo-amerikanische Rechnungslegung basiert auf dem Prinzip des Eignerschutzes (Shareholder-Value Prinzip).[63] Es bleibt festzuhalten, dass sowohl das deutsche als auch das amerikanische Rechnungswesen das Ziel haben, quantitative Informationen über die Unternehmen bereitzustellen, um so die ökonomische Seite betrieblicher Vorgänge und Zustände für die Geschäftsführung fassbar zu machen. Das Rechnungswesen unterstützt somit die Planung und Kontrolle von Leistungsprozessen.[64]

---

[62] Vgl. zu diesen Ausführungen GLAUM, M.: (Bridging the GAAP), S. 26 f.
[63] Vgl. hierzu BAUER, H./STOKBURGER, G./HAMMERSCHMIDT, M.: (Marketing), S. 89.
[64] Vgl. zu diesen Ausführungen NEUS, W.: (Einführung in die Betriebswirtschaftslehre), S. 358.

3 Einflussfaktoren und deren Auswirkungen auf das Berufsfeld „Controlling"

Dieses Kapitel betrachtet die Faktoren, die auf das Berufsfeld „Controlling" einwirken. Bei der Darstellung der Einflussfaktoren ist es aufgrund der Internationalisierung der Wirtschaft nicht sinnvoll, die Faktoren, welche auf das Berufsfeld „Controlling" in Deutschland und in den USA einwirken, getrennt zu betrachten. Angebrachter erscheint es, zwischen konvergierenden und divergierenden Faktoren im Controlling zu sprechen (vgl. hierzu Abbildung 1). Konvergenzfaktoren wie die Globalisierung, der technologische Fortschritt, die Harmonisierung der Rechnungslegung und die globale Forschung bringen das Berufsfeld „Controlling" zusammen. Die nationale Kultur stellt dagegen einen Divergenzfaktor dar und driftet den Beruf der deutschen und amerikanischen Controller auseinander. Die Einflussfaktoren sind die Auslöser für ein sich kontinuierlich änderndes Anforderungsprofil des Controllers und Management Accountants. Nachstehend werden zuerst die konvergierenden und anschließend die divergierenden Einflussfaktoren und deren Auswirkungen auf das Berufsfeld „Controlling" erläutert.

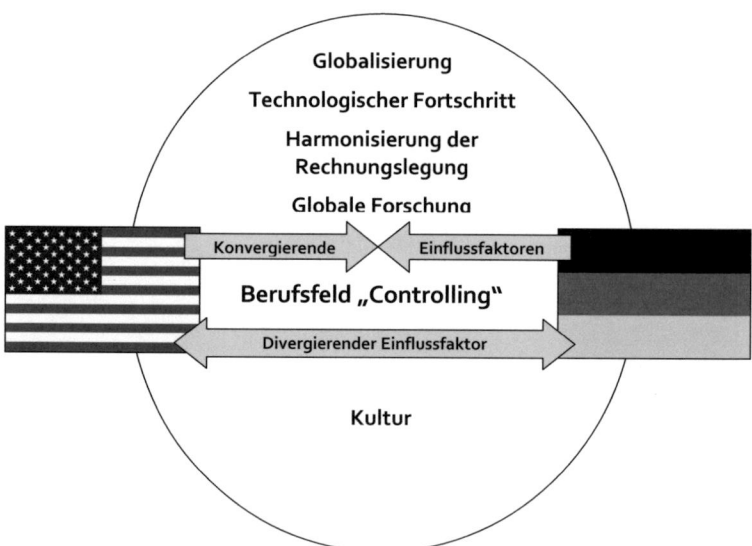

Abbildung 1: Konvergierende und divergierende Einflussfaktoren auf das Berufsfeld „Controlling" in Deutschland und den USA

3.1 Konvergierende Einflussfaktoren

3.1.1 Globalisierung

Unter Globalisierung wird allgemein die Veränderung der Weltwirtschaft verstanden, bzw. ein „Prozess, durch den Märkte und Produktion in verschiedenen Ländern immer mehr voneinander abhängig werden"[65]. Die Globalisierung geht einher mit der Internationalisierung der Wirtschaft, ausgelöst durch globale Beschaffungs-, Produktions- und Absatzmärkte, weltweite Standorte und internationale Verflechtungen. Bezogen auf die Weltwirtschaftsmacht USA sprechen JONES und LUTHER von einer ‚Westernization' oder einer ‚Americanization' der Welt.[66] Dieser Veränderungsprozess macht sich in der deutschen Arbeitswelt bemerkbar. Es wird teilweise nicht mehr vom Vorstand sondern vom Chief Executive Officer (CEO) gesprochen. Trotz dieser starken amerikanischen Einflüsse bleiben die typisch deutschen Controlling-Techniken unverändert, nur der Führungsstil wurde internationalisiert.[67] Um die unternehmerische Zukunft zu sichern, erfordern die Globalisierung und der zunehmende Wettbewerbsdruck von den Unternehmen fortwährende Anpassungsmaßnahmen an das dynamische Umfeld.

Folgende Auswirkungen der Globalisierung finden sich im Berufsfeld des Controllers: Die Globalisierung schafft internationale Personalmärkte und erhöht somit das Anforderungsprofil eines Controllers, der beispielsweise in einem internationalen Großkonzern arbeitet. Im internationalen Personalmarkt konkurriert der Controller mit internationalen Fachkräften um seinen Arbeitsplatz. Er trifft zudem im Umgang mit seinen Kollegen auf unterschiedliche Kulturen und Mentalitäten.[68] Das Anforderungsprofil des Controllers wird insofern ausgeweitet, als dass ohne ein lebenslanges Lernen[69] und berufsbegleitende Weiterqualifikationen der Anschluss an Änderungen der Berufsaufgaben, zum Beispiel die Bilanzierung nach internationalen Rechnungslegungsstandards, verpasst wird. Der Controller von heute muss permanent an sich selber arbeiten, um die Herausforderungen des globalen Wettbewerbs zu bestehen. Die Globalisierung und Internationalisierung fordern eine hohe Flexibilität vom Controller in

---

[65] Definition der Organisation for Economic Co-operation and Development (OECD).
[66] Vgl. JONES, C./LUTHER, R.: (Globalization and management accounting), S. 7.
[67] Vgl. ebenda, S. 30f.
[68] Vgl. zu diesen Ausführungen KRACHT, T.: (Karrieremodelle im Controlling), S. 4.
[69] Vgl. POUNDER, B.: (Globalization), S. 45.

Form von Auslandseinsätzen bis hin zum Leben und Arbeiten im Ausland. Dabei spielen vor allem Fremdsprachenkenntnisse und interkulturelle Kompetenzen eine immer größere Rolle.[70]

3.1.2 Technologischer Fortschritt

Als Ursache für die Globalisierung wird der technologische Fortschritt gesehen. Unter diesem ist die rasante Entwicklung der Informations-, Kommunikations- und Transporttechnologie zu verstehen. Seit Mitte der 90er Jahre hat das Internet das globale Arbeiten erleichtert. Innerhalb kürzester Zeit können Daten weltweit kostengünstig ausgetauscht werden. Dieser Fortschritt änderte auch die Arbeitsweise der Controller. Moderne Software und Hardware ermöglicht eine automatisierte Arbeitsweise. Im 21. Jahrhundert werden Daten anders generiert, gespeichert, verarbeitet und berichtet. Der technologische Fortschritt wird als der dominanteste Einflussfaktor auf den Beruf des Controllers angesehen.[71]

Neuartige Softwareprodukte ermöglichen Prozesse im Rechnungswesen so zusammenzuführen, dass dadurch Qualität, Effizienz und Effektivität verbessert werden.[72] SAP R/3 ist eine derartige Software: SAP erleichtert es, Daten aus dem Controlling und der Finanzbuchhaltung zu vergleichen und abzustimmen, da zwischen den beiden Komponenten ein regelmäßiger Datenaustausch stattfindet. Zudem kann SAP zum Beispiel eine Kostenstellenrechnung, Prozesskostenrechnung und Profit-Center-Rechnung erstellen. Die Profit-Center-Rechnung kann auch Kennzahlen wie Return on Investment, Working Capital oder Cash Flow errechnen.[73] KRUMWIEDE und SUESSMAIR haben in ihrer Studie ermittelt, dass 61% der deutschen Firmen und nur 18% der US-amerikanischen Firmen Softwareprodukte von SAP benutzen. Zudem sind die deutschen Firmen im Allgemeinen zufriedener mit ihrer Betriebssoftware als die Amerikaner.[74] SAP verändert die Controllertätigkeit, indem Daten nicht mehr selber generiert werden müssen, sondern die gelieferten Daten richtig interpretiert werden müssen. Zudem ist die Informationsverfügbarkeit durch den technologischen Fortschritt gestiegen. So wird zum Beispiel die globale Vernetzung der Unternehmen durch Videokonferenzen und Emails er-

---

[70] Vgl. BIEL, A.: (Controller-Anforderungen), S. 15.
[71] Vgl. zu diesem Absatz HORNGREN, C./SUNDEM, G./STRATTON, W.: (Introduction to MA), S. 22.
[72] Vgl. WIEMER, W.: (Gemeinsam sind wir stärker), S. 340.
[73] Vgl. zu diesen Ausführungen SAP: (Controlling).
[74] Vgl. KRUMWIEDE, K./SUESSMAIR, A.: (Comparing Cost Accounting Methods), S. 4.

leichtert und beschleunigt. Für das Berufsfeld „Controlling" bedeutet dieser Fortschritt, dass IT-Kenntnisse unbedingt erforderlich sind. Der Controller sollte sich daher stets mit den neuesten IT-Techniken vertraut machen, um eine optimale Daten- und Informationsverarbeitung zu erreichen.

3.1.3 Harmonisierung der Rechnungslegung

Mit der Einführung der International Financial Reporting Standards (IFRS) wurde ein großer Schritt zur weltweiten Harmonisierung der Rechnungslegung getan. „Die IFRS sind ein Konglomerat supernationaler Rechnungslegungsregeln, die von dem privatrechtlichen Standardsetter International Accounting Standards Board (IASB)[75] mit Sitz in London erlassen wurden. Ziel des IASB ist die Entwicklung und Durchsetzung der IFRS als weltweit harmonisierte Bilanzierungsstandards"[76]. Die IFRS wählen eine investitionsorientierte Perspektive und orientieren sich bei der Gestaltung und Auslegung am Informationsbedarf externer Adressaten.[77] Die Vorgänger der IFRS sind die International Reporting Standards (IRS). Mehr als 100 Länder verlangen oder erlauben den Gebrauch von den IFRS neben ihren nationalen Rechnungslegungsstandards.[78] Viele multinationale Unternehmen und nationale Behörden unterstützen die Einführung der IFRS, weil sie glauben, dass der Gebrauch von gemeinsamen Standards bei der Vorbereitung von Bilanzabschlüssen Erleichterung bei der Gegenüberstellung von internationalen Finanzergebnissen schafft.

Die EU-Verordnung 1606/2002 besagt, dass alle kapitalmarktorientierten Konzerne seit dem 01.01.2005 und seit dem 01.01.2007 auch Gesellschaften, die Schuldtitel an die Börse gegeben haben, bzw. an einer US-amerikanischen Börse gelistet sind, ihre Konzernabschlüsse konform nach den IFRS aufzustellen haben.[79] Die Umstellung von dem deutschen HGB auf die IFRS beanspruchte die Controller, da zwischen dem HGB und den IFRS gravierende konzeptionelle Unterschiede[80] bestehen. In den

---

[75] Das IASB ist eine privatrechtliche, unabhängige Organisation, die 1973 gegründet wurde.
[76] Vgl. WEIßENBERGER, B.: (Integration der Rechnungslegung), S. 408.
[77] Vgl. ebenda, S. 408.
[78] Vgl. zu den folgenden Ausführungen GILL, L.: (IFRS: Coming to America), S. 70.
[79] Vgl. HORVÁTH, P.: (Controlling), S. 438; FUNK, W./ROSSMANITH, J.: (Internationalisierung der Rechnungslegung), S. 34.
[80] Aufgrund des vorgegeben Rahmen dieser Arbeit, wird an dieser Stelle verzichtet auf die genauen Unterschiede einzugehen. Einen guten Überblick bietet FUNK, W./ ROSSMANITH, J.: (Internationalisierung der Rechnungslegung), S. 38.

USA wird bislang nach United States Generally Accepted Accounting Principles (US-GAAP) bilanziert. Diese Standards werden vom Financial Accounting Standards Board (FASB) erarbeitet. Sie gelten auch für international tätige Unternehmen, die an amerikanischen Börsen notiert sind. Somit stellen IFRS und US-GAAP einen supranationalen Rahmen für Bilanzierungsnormen dar und lösen dabei nationale Regelungen, wie jene im deutschen HGB, ab.[81] Während in Deutschland die IFRS seit 2005 Anwendung finden, sind die USA seit diesem Jahr auf dem Weg, die IFRS zu implementieren. Die US-Börsenaufsicht Securities and Exchange Commission (SEC) hat eine „road map to convergence" zum Verschmelzen der innerstaatlichen und internationalen Rechnungslegungsstandards vorgelegt. Dieses Jahr, 2009, wird einer limitierten Gruppe großer US-Unternehmen die Option gegeben, IFRS zu verwenden. Im Jahr 2011 möchte die SEC über die endgültige Einführung der IFRS in den USA entscheiden. Die IFRS könnten 2014 dann für alle US-Unternehmen verpflichtend sein.[82] Mit der Einführung der IFRS in den USA wird ein großer Schritt „toward creating greater transparency and comparability between companies around the world"[83] gemacht.

Die USA haben gegenwärtig die IFRS noch nicht vollständig eingeführt. Dadurch sind deutsche Firmen, die an US-amerikanischen Börsen notiert sind, dazu gezwungen nach US-GAAP und IFRS zu bilanzieren. Dieser doppelte Jahresabschluss ist mit hohem Aufwand und Kosten verbunden. Die parallel geführte Buchführung nach nationalen und internationalen Gesichtspunkten erfordert eine hohe Qualifikation der Mitarbeiter und entsprechende IT-Systeme.[84] Für das Berufsfeld des Controllers drückt sich dieser Zustand in einem erweiterten Rollenverständnis im Sinne des Informationsdienstleisters für die internationale Bilanzierung aus. Im Rahmen des sogenannten „Management Approach" trägt der Controller in einem größeren Umfang als unter dem HGB Mitverantwortlichkeit für die Bereitstellung interner Daten für die externe Finanzberichterstattung.[85] Eine Studie von ANGELKORT, SAND und WEIßENBERGER ergab, dass Controller ca. acht Stunden pro Woche als Informationsdienstleister für

---

[81] Vgl. HORVÁTH, P.: (Controlling), S. 438.
[82] Vgl hierzu die Ausführungen von NICOLAISEN, D.: (Statement by SEC Staff) und CIESIELSKI, J./WEIRICH, T.: (SEC goes International), S. 32-37.
[83] CIESIELSKI, J./WEIRICH, T.: (SEC goes International), S. 37.
[84] Vgl. FUNK, W./ ROSSMANITH, J.: (Internationalisierung der Rechnungslegung), S. 38.
[85] Vgl. zu diesen Ausführungen WEIßENBERGER, B.: (Integration der Rechnungslegung), S. 414.

die Bilanzierer arbeiten.[86] Es kommt somit zu einer Konvergenz der Controllerarbeit und des externen Rechnungswesens.

Ein weiterer Einflussfaktor auf die internationale Rechnungslegung und deren Harmonisierung ist unter dem Stichwort „Corporate Governance" zu finden. Dieser Begriff erschien aufgrund der gestiegenen Zahl von Unternehmenskrisen und Insolvenzverfahren (vgl. zum Beispiel Worldcom, Enron). Unter dem Begriff „Corporate Governance" werden sämtliche Prozesse der Leitung und Überwachung eines Unternehmens zusammengefasst, bei dem mehrere Interessengruppen Ansprüche haben.[87] „Die Trennung von Eigentum und Verfügungsmacht bei Unternehmen zeigt die Notwendigkeit einer Corporate Governance auf, denn es besteht die Gefahr, dass das Management Verhaltensfreiräume zu seinen Gunsten und zu Lasten der Anteilseigner nutzt"[88]. Die Umsetzung der Corporate Governance wurde in den USA von Senator PAUL SARBANES und dem Kongressabgeordneten MICHAEL J. OEXLEY mit dem am 30. Juli 2002 von US-Präsident BUSH unterzeichneten Sarbanes-Oxley Act (SOX) verabschiedet.

Das Sarbanes-Oxley Act
- soll nach außen eine gewisse Schutzfunktion und nach innen eine Qualitätssicherungsfunktion ausüben und das Vertrauen der Anleger stärken.
- erweitert bzw. verschärft die Offenlegungsvorschriften, um die Informationsbedürfnisse des Kapitalmarktes besser zu erfüllen.
- schreibt vor, wie Konzerne die Verlässlichkeit ihrer Kapitalmarktinformationen und die Wirksamkeit ihrer internen Kontrollen sicherzustellen haben.
- beinhaltet schwere Strafen für unrichtige Angaben (Strafen von bis zu 20 Jahren Freiheitsentzug und Geldstrafen von bis zu 5 Millionen US-$ bei unrichtigen Angaben).
- Gemäß Absatz 301 haben Mitarbeiter in Unternehmen die Möglichkeit vertraulich und anonym Bedenken im Hinblick auf die Rechnungslegung mitzuteilen (Whistle Blower).
- Gemäß Absatz 302 müssen CEO und CFO die Richtigkeit der Quartals- und Jahresabschlüsse bestätigen. Gleichzeitig ist eine Einrichtung und regelmäßige Bewertung von Kontrollen und Prozessen im Berichtswesen vorgesehen.
- Das Gesetz ist gültig für Gesellschaften, die auf dem US-amerikanischen Markt einschließlich aller Tochtergesellschaften gelistet sind.[89]

---

[86] Vgl. ANGELKORT, H./SANDT, J./WEIẞENBERGER, B.: (Controllership/IFRS), S. 74.
[87] Vgl. FUNK, W./ ROSSMANITH, J.: (Internationalisierung der Rechnungslegung), S. 6.
[88] Vgl. HORVÁTH, P.: (Controlling), S. 790.
[89] Zitiert nach BIEL, A.: (Der SOA – Eine Controllerperspektive), S. 15; SCHRAGE, R.: (SOA), S. 482.

Das SOX übt somit nicht nur auf die US-amerikanische Corporate Governance- Entwicklung Einfluss aus, sondern auch auf die deutsche, sofern die Unternehmen in den USA gelistet sind. Auf deutscher Seite wurde zur Verbesserung der Corporate Governance das Gesetz zur Kontrolle und Transparenz im Unternehmensbereich (KonTraG)[90] und der Deutsche Corporate Governance Kodex (DCGK)[91] eingeführt.

Für das Berufsfeld des Controllers öffnen sich durch diese Rechtsprechungen neue Herausforderungen. Das SOX fordert die Kommunikation, Transparenz und Methodenverantwortung der Controller weltweit. Die Reporting-Prozesse und der Dokumentationsbedarf in den Controllingabteilungen steigen durch das SOX, um das interne Kontrollsystem sicherzustellen.[92] Controller sollten den regulatorischen Anforderungen aktiv begegnen und sich den neuen Anforderungen stellen. Im Zuge der fortlaufenden Harmonisierung in der internationalen Rechnungslegung kommt es zu einer Konvergenz des deutschen und US-amerikanischen Berufsfeldes „Controlling".

3.1.4 Globale Forschung

Für WEBER und MEYER ist es nicht zufrieden stellend, nicht zu wissen, was Controller und ihre vergleichbaren Aufgabenträger in ausländischen Unternehmen tun.[93] Die globale Forschung über die Controllership[94] der Nachbarländer ist in der globalen Welt wichtiger denn je, um gegebenenfalls vom Stand der Forschung und aus der Praxis lernen zu können.[95] Es gibt zwei deutsche Veröffentlichungen, die sich explizit dem internationalen Controlling widmeten. Die erste erschien 1986 im Rahmen einer Tagung unter dem Titel „Controlling-Konzepte im internationalen Vergleich" von SCHÖNFELD[96] und die zweite 1995 von STOFFEL[97]. BHIMANI hat

---

[90] Das KonTraG verpflichtet die Unternehmung ein Risikomanagement zu installieren, damit die Interessen der Anteilseigner an einer kontinuierlichen Erfolgs- und Wertentwicklung des Unternehmens gewahrt werden.
[91] Der Kodex „enthält international und national anerkannte Standards guter und verantwortungsvoller Unternehmensführung". Zitiert nach REGIERUNGSKOMMISSION: (DCGK).
[92] Vgl. zu diesen Ausführungen SCHRAGE, R.: (SOA), S. 484.
[93] Vgl. WEBER, J./MEYER, M.: (Controlling im Spannungsfeld), S. 4.
[94] „Controllership bezeichnet das gesamte Aufgabenbündel, das Controllern übertragen und/oder von diesen wahrgenommen wird" zitiert nach WEBER, J./SCHÄFFER, U.: (Einführung Controlling), S. 1.
[95] Vgl. SHIELD, M.: (MA practices in Europe), S. 502.
[96] Vgl. SCHÖNFELD, H.: (Controlling in den USA), S. 133-164.
[97] Vgl. STOFFEL, K.: (Controllership im Vergleich).

einen Beitrag zur globalen Forschung im Controlling geleistet, indem in seinem Sammelband der Stand des Controllings von elf europäischen Ländern veröffentlicht wurde.[98] SHERIDAN erweiterte das Wissen der Controlling-Community mit seiner Schrift über englischsprachige und kontinentale Sichtweisen des Controllings.[99] WEBER und MEYER bedauern sehr, dass die „internationale Öffnung im Controlling bislang doch erst sehr zaghaft und zögerlich stattgefunden"[100] hat. Sie nennen zwei Gründe dafür: Der erste Grund ist, dass, wenn nicht nach außen geschaut wird, die eigenen Konzepte und Lösungen in ihrem Wert nicht richtig eingeschätzt werden können. Zweitens lässt ein Beharren auf eigene Lösungen den praktischen Wert der Controllingforschung und -lehre sinken. Darum müssen die eigenen Lösungen mit den internationalen Lösungen verglichen werden können. Deshalb fordern WEBER und MEYER eine systematische und konsequente internationale Öffnung der deutschsprachigen Controllingforschung und -lehre.[101] Um die Entwicklung des Controllings voranzutreiben, müssen die mangelnde internationale Visibilität der deutschsprachigen Controllingforschung abgelegt und Nachwuchswissenschaftler sich heutzutage vermehrt im internationalen Bereich positionieren.[102]

In den USA ist zu erkennen, dass der Blick nach Deutschland gerichtet ist, wenn es um das Thema Verbesserung der Kostenrechnung geht. Ein besonderes Interesse gilt der deutschen Grenzplankostenrechnung (GPK).[103] POUNDER ist der Meinung, dass die gegenwärtigen wirtschaftlichen Herausforderungen in den USA auf betriebliche Schwächen zurückzuführen sind. Die Amerikaner sind sich bewusst, dass ausländische Unternehmen sich mehr auf das Controlling stützen, um im globalen Markt erfolgreich zu sein. In den USA wird erst jetzt begonnen, die Dienstleistungen der Management Accountants zu schätzen. Die Amerikaner waren die Weltwirtschaftsmacht im 20. Jahrhundert und brauchten sich nicht vor der ausländischen Konkurrenz zu fürchten. Seit den 1980er hat die amerikanische Industrie ernste Nachteile wegen ihrer passiven Einstellung gegenüber ausländischen Firmen hinnehmen müssen.[104] Laut SHARMAN und VIKAS hat die amerikanische Controllingforschung Theorien und Praktiken entwickelt, die sich von denen der übrigen Welt unterscheiden. Die deut-

---

[98] Vgl. BHIMANI, A.: (Management Accounting).
[99] Vgl. SHERIDAN, T.: (Management accounting in global corporations), S. 287-294.
[100] WEBER, J./MEYER, M.: (Controlling im Spannungsfeld), S. 4.
[101] Vgl. ebenda, S. 4f.
[102] Vgl. BINDER, C.: (Entwicklung des Controllings als Teildisziplin der BWL), S. 225.
[103] Vgl. zu diesen Ausführungen WEBER, J.: (USA als Referenz?), S. 281.
[104] Vgl. zu diesen Ausführungen POUNDER, B.: (Globalization), S. 44.

sche Controllership hingegen ist besser entwickelt, da erkannt wurde, dass gute Controlling-Methoden ausschlaggebend für den Unternehmenserfolg sind. Um das amerikanische Management Accounting aus der ‚Dunkelheit' zu holen und sich den international üblichen Controllingtheorien und -praktiken wieder anzunähern, hat das IMA eine Serie von Artikeln veröffentlicht, in denen das deutsche Controlling hervorgehoben wird.[105] Eine Übersicht über die publizierten Artikel bietet die nachstehende Tabelle 3.

Titel	Zusammenfassung	Fazit
German vs. United States Cost Management (Herbst 1999) von Keys und Van der Merwe	Das deutsche Cost Management wird untersucht und dessen Vor- und Nachteile aufgezeigt.	Deutsche Cost Management Systeme sind detaillierter und umfangreicher.
The Case for Management Accounting (Oktober 2003) von Sharman	Es wird anhand von Studien belegt, wie frustriert Manager mit den gelieferten Informationen des Management Accountings sind. Es wird auf das deutsche Cost Accounting verwiesen.	Es erfolgt ein Aufruf, dass sich etwas im Management Accounting der USA ändern muss.
Bring on German Cost Accounting (Dezember 2003) von Sharman	Die Grenzplankostenrechnung (GPK) wird vorgestellt.	Deutsche Cost Accounting Methoden erreichen mehr als amerikanische.
Lessons from German Cost Accounting (Dezember 2004) von Sharman und Vikas	Die Geschichte der GPK und die Prozesskostenrechnung wird dargestellt. Das neue Integrated Cost and Accounting System (IKE) der Telekom wird vorgestellt.	Die Amerikaner sollen von den Deutschen Cost Accounting Methoden lernen.
Rewards and Realities of German Cost Accounting (April 2005) von Krumwiede	Der Autor berichtet von seiner Studie, in welcher er das deutsche Cost Accounting in 11 deutschen Unternehmen analysiert hat. Es wird die GPK wie in Deutschland implementiert und deren Vorteile vorgestellt. Es wird aufgezeigt, warum die GPK nicht in den USA verwendet wird.	Die GPK könnte eine große Hilfe für amerikanische Unternehmen sein, in welchen noch Unzufriedenheit in der Kostenrechnung herrscht.

---

[105] Vgl. zu diesen Ausführungen SHARMAN, P./VIKAS, K.: (Lessons from German Accounting), S. 29f.

Relevance Added: Combining ABC with German Cost Accounting (Juni 2005) von Friedl, Küpper und Pedell	Es werden die Grundsätze und Unterschiede des amerikanischen Activity Based Costings (ABC) und der deutschen GPK vorgestellt.	GPK ist besser als ABC um kurzfristige Entscheidungen zu treffen. ABC ist gut für langfristige Entscheidungen. Eine Kombination beider sollte in den USA angestrebt werden.
Getting Down to Specifics on RCA (Juni 2007) von Krumwiede und Suessmair	Es werden die Ergebnisse einer Studie, die deutsche und amerikanische Firmen zu ihren Kostenrechnungssystemen befragt hat, vorgestellt. Deutsche Firmen sind allgemein gesehen sehr viel zufriedener mit ihrem Kosten System als die Amerikaner. Zudem wird auf die Unterschiede zwischen deutschen und amerikanischen Firmen eingegangen.	Amerikanische Firmen sollten die niedrige Zufriedenheit mit ihren momentanen Kosten Systemen nicht ignorieren und ihr Resource Consumption Accounting (RCA) verbessern.
Comparing U.S. and German Cost Accounting Methods (Frühling 2007) von Krumwiede und Suessmair	Fortsetzungsartikel zur oben genannter Studie und Präsentation weiterer ausgewählter Ergebnisse.	Warum nicht dem deutschen Kostensystem, welches so gut funktioniert, Beachtung schenken?
A Closer Look at German Cost Accounting Methods (Herbst 2008) von Krumwiede und Suessmair	Studie finanziert vom IMA und ICV. Die Resultate bieten ein repräsentatives Bild über die Nutzung von GPK in Deutschland, der Schweiz und Österreich. Die Firmen sind zufrieden mit ihren Systemen. RCA wird in dieser Studie als Mischung von ABC und GKP definiert. Noch zufriedener sind die Firmen mit RCA.	Studie soll den amerikanischen Firmen zu verstehen geben, dass es gut ist, RCA zu implementieren. GPK ist am effektivsten, wenn es mit anderen Informationssystemen und Kostenpraktiken kombiniert wird.

Tabelle 3: Übersicht publizierter Artikel über das deutsche Controlling in den USA [106]

Anhand Tabelle 3 lässt sich ein Aufruf zur Verbesserung der US-amerikanischen Kostensysteme im Controlling nachvollziehen: Die Manager waren unzufrieden mit den Informationen, die ihnen ihre Controlling-Abteilungen geliefert hatten. Darum wurde den Amerikanern die deutsche Grenzplankostenrechnung vermittelt, um dann in einem weiteren Schritt anhand von Studien zu belegen, wie erfolgreich das System in Deutschland war und ist. Zum Schluss wurde zur Verwendung der GPK in Verbindung mit dem amerikanischen ABC geraten. Die Amerikaner ha-

---

[106] Eigene Darstellung.

ben somit das deutsche Controlling als Vorbild genommen mit dem Ziel, von den deutschen Controlling-Methoden zu lernen, bzw. sie schenken ihnen große Beachtung.

Die globale Forschung ist als ein Konvergenzfaktor zu verstehen, da durch die Erforschung von Controlling-Methoden in anderen Ländern dazugelernt und das eigene System verbessert, erweitert oder vereinfacht werden kann. Nur wenn ein Land sich mit anderen Ländern und deren Praktiken vergleicht, kann es sein eigenes System beurteilen. Die Auswirkungen auf das Berufsfeld „Controlling" lassen sich am Beispiel der USA zeigen. Dort wird versucht, das Kostenrechnungssystem zu verbessern. WHITE spricht in seinem Artikel davon, dass in der *Roles and Practices in Management Accounting Today* Studie[107] aus dem Jahr 2003 von Ernst & Young und IMA erkannt wurde, dass 98% der amerikanischen Manager kein Vertrauen in die vom Management Accounting gelieferten Kosteninformationen haben.[108] Vielleicht kann das amerikanische Kosteninformationssystem durch GPK für eine Verbesserung ihrer Kostensituation sorgen. Damit würde das Ansehen der amerikanischen Controller steigen. Aus einem Interview mit dem Präsidenten des IMA ist erkennbar[109], dass das IMA mit deutschen Controlling Institutionen zusammenarbeitet, um eine globale Controlling-Community zu etablieren, und um die globale Forschung und Standards voranzutreiben. SHARMAN sagte zudem, dass Deutschland die am höchstentwickelte Controlling-Community der Welt ist. Die amerikanische dagegen sei nicht besonders gut entwickelt, da der Fokus zu sehr auf das Financial Accounting gerichtet ist.

3.2 Divergierender Einflussfaktor - Kultur

Die nationale Kultur mit der durch sie geprägten Wirtschaftskultur und die jeweilige Unternehmenskultur werden als der bedeutendste Divergenzfaktor im Bezug auf das Controlling angesehen.[110] Die amerikanische und deutsche Wirtschaftskultur sind sehr verschieden. Dies mag zu einem großen Teil an der Geschichte, der Größe und Weite der USA liegen. Freiheitsdrang und Selbstbewusstsein sind in Amerika sehr viel ausgeprägter als in Deutschland.[111] Ausgewählte Unterschiede zwischen der deutschen und amerikanischen Wirtschaftskultur werden in Tabelle 4 vorgestellt.

---

[107] Vgl. zu der Studie GARG et al.: (Roles and Practices in MA Today), S. 30-35.
[108] Vgl. WHITE, L.: (Why Look at German Cost Management?), S. 6.
[109] Vgl. zu den folgenden Ausführungen SHARMAN, P.: (An American Perspective on German Controlling), S. 323ff.
[110] Vgl. GRANDLUND, M./LUKKA, K.: (Small World of MA Practices), S. 165.
[111] Vgl. CORDES, T.: (German Controller's Experiences), S. 91.

Deutsche tendieren dazu, ...	Amerikaner tendieren dazu, ...
- ängstlich vor Unsicherheit	- optimistisch
- sorgfältig und ordentlich	- übertrieben vertraulich und lässig
- Perfektionisten	- Improvisatoren
- risikoscheu	- risikobereit
- gruppenorientiert	- Individualisten
- effektiv und gründlich bei der Arbeit	- effizient und schnell bei der Arbeit
- aufgabenorientiert	- ergebnisorientiert
- langfristig orientiert	- kurzfristig orientiert
- Lebensqualität zu schätzen.	- materialistisch und statusorientiert
... zu sein.	... zu sein.

Tabelle 4: Unterschiede zwischen der deutschen und amerikanischen Wirtschaftskultur[112]

Diese kulturellen Unterschiede lassen sich auch im Controlling wiederfinden. CHOW, SHIELDS und WU sind der Meinung, „je weiter zwei Kulturen hinsichtlich der *kulturellen Distanz* voneinander entfernt sind, desto größer sind in der Regel die Unterschiede der Controlling-Systeme"[113]. MACARTHUR ging in seinem Aufsatz der eben genannten Hypothese nach und analysierte die kulturellen Unterschiede zwischen deutschen und amerikanischen Controlling-Systemen. Er wollte auf diese Weise darauf aufmerksam machen, dass es weiterer Überlegungen bedarf, ob deutsche Controlling-Methoden in den USA verwendet werden sollten. Seine These lautet, dass „variations in the national cultural characteristics between the United States and Germany will lead to differences in the approach to management accounting"[114]. Einige seiner Ergebnisse und sein Vorgehen werden nachstehend geschildert: Die aufgezeigten Kulturunterschiede grenzte MACARTHUR in seiner Studie anhand der Kulturdimensionen nach HOFSTEDE[115] ab. Nach HOFSTEDES Dimension der Unsicherheitsvermeidung ist Deutschland ein ‚strong uncertainty avoidance' (SUA) Land, während die USA ein ‚weak uncertainty avoidance' (WUA) Nation ist. Deutschland hat folglich eine geringe und die USA eine hohe Toleranz für Unsicherheit (vgl. auch Tabelle 4 unter dem Aspekt risikoscheu vs. risikobereit). Strukturierte, detaillierte und präzise Controlling-Systeme

---

[112] In Anlehnung an LE MONT SCHMIDT, P.: (Wirtschaftskultur im Vergleich), S. 54 u. 74.
[113] CHOW, C./SHIELDS, M./WU, A.: (Importance of national culture), S. 455; zitiert nach HOFFJAN, A./NEVRIES, P./WÖMPENER, A.: (Andere Länder), S. 291.
[114] MAC ARTHUR, J.: (Cultural Influences on MA), S. 11.
[115] Hofstede identifizierte in seiner Studie *Culture's Consequences: Comparing Values, Behaviors, Institutions, and Organizations Across Nations* vier verschiedene Kulturdimensionen, die Gemeinsamkeiten und Unterschiede in den verschieden Kulturen aufzeigen. Dazu gehören Maskulinität, Machtdistanz, Unsicherheitsvermeidung und Individualismus.

werden in SUA-Nationen gefunden. Dies führt laut MACARTHUR dazu, dass die geringe Toleranz deutscher Manager sowohl ihre Vorliebe für einheitliche Controlling-Systeme, wie zum Beispiel die Grenzplankostenrechnung, als auch die Verwendung eines einheitlichen IT-Systems, wie beispielsweise SAP, erklärt. Die flexible Einstellung von US-amerikanischen Managern begründet die große Vielfalt von Controlling-Systemen in den USA. Computer basierte ABC-Systeme werden häufig in den USA verwendet, da diese schnell aktualisiert werden können. Ein weiterer kulturell bedingter Divergenzfaktor ist in der Kostenstellenrechnung zu finden. Die deutsche Kostenstellenrechnung ist detailverliebt, während US-amerikanische Kostenstellen in den USA sehr lose definiert werden.[116]

Die Controlling-Methoden in Deutschland und den USA sind ein kulturspezifisches Phänomen.[117] Instrumente, die in einem Land eine erfolgreiche Anwendung finden, können nicht problemlos auf ein anderes übertragen werden. Deswegen sollte den kulturellen Unterschieden zwischen zwei Nationen Beachtung in der komparativen Controllingforschung geschenkt werden. Controllinginstrumente sollten, falls eine Implementierung angedacht ist, unterschiedlichen kulturellen Kontexten hinsichtlich einer optimalen Nutzung angepasst werden, da sich unterschiedliche Ausprägungen der kulturellen Dimensionen auf das Planungs- und Kontroll- sowie das Informationsversorgungssystem auswirken.[118] Die Auswirkungen der Kultureinflüsse auf das Berufsfeld des Controllers finden sich in dessen Aufgabenspektrum wieder. Er soll das Management bei der Behebung kultureller Störfelder unterstützen, indem er Erkenntnisse über die kulturelle Distanz beschafft, aufbereitet und Problemfelder analysiert. Dann werden die Ergebnisse dem Management präsentiert und zuletzt Lösungsinstrumente zur Vermeidung der Kulturunterschiede angeboten.[119] Dies erfordert vom Controller hohe interkulturelle Kompetenzen. Nach PAUSENBERGER und ROTH kann die kulturelle Distanz zwischen Muttergesellschaft und ausländischer Tochtergesellschaft bewirken, dass Controlling-Informationen auf unterschiedliche Weise erhoben, aufbereitet und interpretiert werden. Es wird daher Controlling-Abteilungen empfohlen, diese kulturbedingten Merkmale bereits in vorherigen Zielabspra-

---

[116] Vgl. zu diesen Ausführungen MAC ARTHUR, J.: (Cultural Influences on MA), S. 10-16.
[117] Vgl. WEBER, J./SCHÄFFER, U.: (Einführung Controlling), S. 12.
[118] Vgl. zu diesen Ausführungen HOFFJAN, A./NEVRIES, P./WÖMPENER, A.: (Andere Länder), S. 290.
[119] Vgl. zu diesen Ausführungen ebenda, S. 294.

chen zu berücksichtigen,[120] um das Controlling auf einen Nenner zu bringen, falls unterschiedliche Controlling-Methoden aufeinander treffen.

Die folgenden Ausführungen unterstreichen den Divergenzfaktor Kultur im Berufsfeld des deutschen und amerikanischen Controllers. Probleme bei der Implementierung von den IFRS werden durch die unterschiedliche Kultur verursacht. Diese und die Sprache erschweren das Interpretieren und Übersetzen des IFRS-Regelwerkes.[121] DOUPNIK und RICHTER ermittelten in ihrer Studie[122] „the effect of language-culture and linguistic translation on the interpretation of verbal uncertainty expressions found in International Accounting Standards"[123]. Dazu wurden US-amerikanische Certified Public Accountants und deutsche Wirtschaftsprüfer befragt. Die Studie schlussfolgerte, dass die Sprachkultur die Interpretation von Uncertainty Ausdrücken beeinflusst und dass Übersetzungen von der englischen in die deutsche Sprache bezogen auf die IFRS signifikante Unterschiede in der Interpretation aufweisen. Kultur ist ein durchdringender umfeldbedingter Faktor, der zu uneinheitlichen Interpretationen und Anwendungen der IFRS führen kann.[124] Diese Unstimmigkeiten haben Einfluss auf die Vergleichbarkeit der Jahresabschlüsse nach IFRS in Deutschland und den USA und behindern die Arbeit der Controller.

Die jeweilige nationale Gesetzgebung und Institutionen stellen weitere divergierende Einflussfaktoren dar.[125] Da sich diese nur schwer auf das Berufsfeld des deutschen und US-amerikanischen Controllers übertragen lassen, wird im Rahmen dieser Arbeit auf eine weitere Erläuterung verzichtet.

---

[120] Vgl. zu diesen Ausführungen PAUSENBERGER, E./ROTH, A.: (Störfaktoren im Controlling), S. 594.
[121] Vgl. TSAKUMIS, G./CAMPBELL, D./DOUPNIK, T.: (Beyond the Standards), S. 34.
[122] Vgl. zu den folgenden Ausführungen DOUPNIK, T./RICHTER, M.: (uncertainty expressions), S. 15 u. 30.
[123] Ebenda, S. 15.
[124] Vgl. TSAKUMIS, G./CAMPBELL, D./DOUPNIK, T.: (Beyond the Standards), S. 36.
[125] Vgl. Abbildung 5 von HOFFJAN, A./NEVRIES, P./WÖMPENER, A.: (Andere Länder), S. 295.

4 Das Berufsfeld des Controllers und des Management Accountants

Die Arbeitswelt veränderte sich seit Mitte der 1990er Jahre aufgrund technischer, wirtschaftlicher, gesellschaftlicher und globaler Entwicklungen erheblich und immer rasanter.[126] Sowohl das Controller-Rollenverständnis als auch das Tätigkeitsfeld der Controller ändern sich laufend durch die Globalisierung, den technologischen Fortschritt und den internationalen Rechnungslegungsvorschriften. Die Controllership ist vielfältiger geworden und es werden vermehrt persönliche und fachliche Kompetenzen von Controllern gefordert. Diese Tendenz ist sowohl in Deutschland als auch in den USA zu erkennen. Viele Experten sprechen von einem schleichenden Wandel im Berufsbild des Controllers.[127] Das folgende Kapitel gibt Aufschluss über das Berufsfeld der deutschen und amerikanischen Controller. Im weiteren Vorgehen wird zuerst auf die Entwicklungstendenzen der Controllerrollen in den USA und Deutschland und dann auf das gegenwärtige Anforderungsprofil der Controller eingegangen.

4.1 Entwicklungen der Controllerrollen

„Controllerrollenbilder zeigen als aggregierte Sichten auf die Tätigkeit von Controllern eine Zusammenfassung derjenigen Controlleraufgaben, welche als wesentlich für die Zufriedenstellung der Ansprüche des Managements als Auftraggeber der Controllerbereiche gelten"[128]. Sowohl in der deutschen als auch US-amerikanischen Literatur lassen sich homogene Entwicklungstendenzen in Bezug auf die Controllerrollen erkennen. Die erkennbare Tendenz ist die vom ‚Bean Counter' zum Strategic Business Partner in den USA und die vom ‚Erbsenzähler' zum internen Berater in Deutschland. Anhand von Studien in den USA lässt sich bereits in den 90er Jahren ein Bewusstsein über die Entwicklung des Management Accountants zum Business Partner erkennen. Die Begründung dafür könnte sein, dass der Beruf des Controllers in den USA wesentlich früher etabliert war und bereits in den 90er Jahren erste Studien zum Beruf des Management Accountants erstellt wurden. In Deutschland fanden sich die ersten Controllerstellen erstmalig Ende der 60er Jahre. Als Gründe für das späte Fußfassen des Controllings in Deutschland nennt SIEGWART:

---

[126] Vgl. PAHL, J.: (Berufsfelder), S. 23.
[127] Vgl. o.V.: (Controller: gesuchte Zahlenprofis), S. 406.
[128] WEBER et al.: (Controlling 2006), S. 44.

1. Das Ausmaß der politischen und der wirtschaftlichen Freiheit war in den USA zu jener Zeit [1925-1940] größer als in Deutschland. Folglich mussten die amerikanischen Unternehmen Planung und Kontrolle selber an die Hand nehmen.
2. In den Vereinigten Staaten setzte die Weltwirtschaftskrise früher ein; auch war sie stärker wirksam als in Deutschland. Dadurch war der Zwang zu Planung und Kontrolle größer.
3. Schon damals war die Betriebswirtschaftlehre in den USA praxisbezogener als in Deutschland. Wissenschaft und Praxis haben die Bedeutung des Rechnungswesens als ein Mittel der innerbetrieblichen Kontrolle und Lenkung früher erkannt als in Deutschland. Zehn bis fünfzehn Jahre (etwa 1925-1940) haben genügt, um den Controller zu einer festen Institution innerhalb der amerikanischen Unternehmungen werden zu lassen.[129]

4.1.1 Rollenbilder des Management Accountants in den USA

PIPKIN bezeichnete 1989 den momentanen Status der Accountants (Buchhalter) als den der ‚Bean Counter'. Die Accountants wären allgemein bekannt als der Platz, zu dem man geht, um ein Nein als Antwort zu erhalten. Zudem warf PIPKIN einen Blick in die Zukunft des Controllings im 21. Jahrhundert und erkannte damals, dass die Herausforderung für die Management Accountants darin liegt, sich zum Strategic Business Accountant zu entwickeln. Dieses Konzept lässt den Controller zu einem Teil des inneren Entscheidungsprozesses werden. Der Con- troller würde sich in den ‚Chief Business Intelligence Officer' verwandeln. Als Hauptgründe für diese Entwicklung nannte PIPKIN den technologischen Fortschritt und neue Software, die dem Controller das Rechnen abnehmen wird.[130]

1996 wurden in den USA die Ergebnisse der *The Practice Analysis of Management Accounting* Studie veröffentlicht. Diese Studie beinhaltete das Wesen der Management Accounting Tätigkeit und die gewonnene Erkenntnis war, dass sich der Beruf des Controllers in den letzten fünf bis zehn Jahren in einem Stadium der Überleitung befand. Ausgelöst durch den technologischen Fortschritt seien wesentliche Informationen leichter zugänglich geworden. Management Accountants wurden dank neuer Software von der mechanischen Rechentätigkeit befreit. Anstatt Daten zu sammeln und Bilanzabschlüsse zu erstellen, wurde die neu gewonnene Zeit dazu genutzt, Daten zu analysieren und zu interpretieren. Die Studie

---

[129] Zitiert nach SIEGWART, H.: (amerikanisches und deutsches Controlling), S. 97.
[130] Vgl. PIPKIN, A.: (The 21st Century Controller), S. 21ff.

reflektierte ein Rollenverständnis ausgehend vom Numbers Cruncher (Zahlenzauberer) und Corporate Cop (Überwacher) zum Decision-Support Specialist (Entscheidungsunterstützungsspezialisten).[131]

ANASTAS sah 1997 in dem Project Millenium bedeutende Wandlungen im Verantwortungsbereich des Management Accountants. Dem Management Accountant wurde die Rolle des Internal Consultants (interner Berater) zugesprochen: jemand, der Strategien entwickelt und Empfehlungen abgibt, um den Entscheidungsprozess zu lenken.[132] Ein Jahr später nahm der Controller die Rolle des Business Partners (Geschäftspartner) ein.[133] Im Jahr 1999 wurden dann die Ergebnisse der Studie *Counting more, Counting Less* veröffentlicht. Diese Studie ergab, dass eine Transformation vom Historian Accountant (historischen Buchhalter) zum Business Partner in den letzten fünf Jahren stattgefunden hatte, da die Mehrzahl der Management Accountants die meiste Zeit als Internal Consultants oder Business Analysts verbringen. Sie arbeiten in Teams und sind aktiv in den Entscheidungsprozess involviert. 70% der befragten Firmen sagten aus, dass Management Accountants Mehrwert für das Unternehmen bringen. Als Gründe für den erneuten Wandel werden der technologische Fortschritt, die Globalisierung und der vermehrte Wettbewerbsdruck genannt.[134]

Im Herbst 2003 folgten zwei weitere Artikel zur Rolle des Management Accountants als Business Partner. Diese Artikel basierten auf Interviews mit über 100 Accountants, die den Übergang zum Business Partner vollzogen hatten. Der Business Partner wurde als Persönlichkeit charakterisiert, der für alle bedeutenden Entscheidungen hinzugezogen wird. Er zeigt viel Eigeninitiative, ist darauf fokussiert, den Geschäftsablauf zu verbessern und ist ein Teamführer. In der Rolle des Business Partners hat der Management Accountant die Autorität und Verantwortung, einem Geschäftsführer zu erklären, warum einige Daten für die anstehende Entscheidung relevant oder nicht relevant sind. Des Weiteren wird von ihm erwartet, Vorschläge zu unterbereiten, die die Qualität der Entscheidungen verbessern.[135] In dem Fortsetzungsartikel werden Tipps gegeben, wie Management Accountants in die Rolle des Business Partners wechseln können. Dazu gehören unter anderen exzellente zwischenmenschliche Kompetenzen, ein ganzheitliches Verständnis für das Geschäft und solide

---

[131] Vgl. SIEGEL, G./KULESZA, C.: (Practice Analysis), S. 21ff.
[132] Vgl. ANASTAS, M.: (Changing World of MA), S. 50.
[133] Vgl. DONOGHUE, A.: (Masters of Information), S. 25.
[134] Vgl. RUSSEL, K./SIEGEL, G./KULESZA, C.: (Counting More, Counting Less), S. 40f.
[135] Vgl. SIEGEL, G./SORENSEN, J./RICHTERMEYER, S.: (Part 1), S. 39f.

Buchhalterkenntnisse. In der Übergangsphase sollte der Management Accountant das Vertrauen der Geschäftsführung durch gute Ratschläge gewinnen und die Balance zwischen finanziellen, strategischen und operativen Perspektiven finden.[136]

Zusammenfassend lässt sich sagen, dass sich der Management Accountant in den USA vom ‚Bean Counter' „to that of a strategic business partner – to be stewards of corporate performance management, planning, and budgeting"[137] entwickelt hat. Dieses Rollenverständnis wird vertreten in der Definition des Management Accountings des IMA (vgl. S.12) und zum anderen im Verständnis[138] des Financial Executive International (FEI) Institutes.

4.1.2 Rollenbilder der Controller in Deutschland

In der deutschsprachigen Presse, aber auch in den Köpfen der Menschen scheint die Rolle des Controllers als ‚Erbsenzähler' nicht zu verschwinden. Controller werden als Bremser, Rechenknechte und Hofnarren stereotypisiert. Diese

> „durchweg negativ bewerteten Persönlichkeitseigenschaften des Controllers sind sicherlich der Natur, die von ihnen auszuführenden Aufgaben zuzuschreiben. Von Controllern wird erwartet, dass sie konservative und nüchterne Individuen sind, weil sie für den sorgsamen Umgang mit Geld im Unternehmen Verantwortung tragen"[139].

Da das Bild des ‚Erbsenzählers' bezogen auf den Buchhalter und Controller über den ganzen Erdball Verbreitung findet, soll an dieser Stelle erläutert werden, wie es zu dieser Titulierung gekommen ist. WEBER und SCHÄFFER sehen die Gründe dafür in der starken Kostenorientierung der Controller und in den folgenden Teilaufgaben: der monetären Bewertungsaufgabe im Plan-Entstehungsprozess, in dem Zahlenumgang während der Budgetierung und in der Berichtserstattung der Abweichungsanalysen während des Kontrollprozesses.[140]

---

[136] Vgl. SIEGEL, G./SORENSEN, J./RICHTERMEYER, S.: (Part 2), S. 39f.
[137] IMA: (Definition of Management Accounting), S. 1.
[138] Vgl. dazu den Artikel von HOWELL, R.: (The CFO), S. 20-25. In diesem Artikel werden auch die geschichtlichen Entwicklungen des Controllers in den USA aufgezeigt.
[139] HOFFJAN, A.: (Haben Controller ein Imageproblem?), S. 300.
[140] Vgl. WEBER, J./SCHÄFFER, U.: (Balanced Scorecard), S. 183.

WEBER unterscheidet in Hinsicht auf die Controllerrollen zwischen traditionellen und neuen Rollenbildern der Controller. Die traditionellen Controllerbilder haben entweder eine positive oder negative Konnotation. Zu den eher negativ belegten Controllerrollen gehört der Erbsenzähler, Zahlenknecht, Bremser, Kontrolleur, Wadenbeißer, Spürhund und der Detektiv. Diese negativ behafteten Rollen sind zurückzuführen auf das mangelnde Verständnis für den Controller als Informationslieferant für das Management. Im Laufe der Zeit haben die Einflussfaktoren auf das Berufsfeld des Controllers dafür gesorgt, dass der Controller nicht mehr der ‚zahlenversessene' Buchhalter hinter einer Rechenmaschine ist. Demgemäß kamen Rollenbilder mit positiver Konnotation auf. Zu diesen eher positiv belegten Rollenbildern gehört der betriebswirtschaftliche Begleiter, der Navigator, der Steuermann, der Lotse, der Hofnarr und das ökonomische Gewissen.[141] Das *Handelsblatt* titelte im Jahr 2005 „Aus Controllern werden Lotsen"[142] und im Jahr 2007 „Die heimlichen Co-Piloten"[143], um so auf das gewandelte Arbeitsprofil des Controllers aufmerksam zu machen und ihn aus dem Schattendasein als ‚Erbsenzähler' in der Öffentlichkeit zu holen. Als neue Rollenbilder der Controller führt WEBER den internen Berater, Kommunikator, Change Agent, Innovator und Architekten auf. Aus diesen Titulierungen wird ersichtlich, wie schillernd der heutige Beruf des Controllers ist. Die traditionellen Tätigkeiten der Planung, Kontrolle und Steuerung werden zunehmend ergänzt und erweitert.[144]

Die vom ICV durchgeführte Studie *Controlling 2006 – Stand und Perspektiven* ergab, dass sich eine Wandlung des Controllers vom Erbsenzähler und Bremser zum Berater und Rationalitätssicherer hin vollzogen hat. Am häufigsten wurde dem Controller die Rolle des internen Beraters (61,7 %) zugewiesen. Die Rolle des Erbsenzählers erhielt noch 15,7 %. Wird hingegen nach der erwarteten zukünftigen Rolle des Controllers gefragt, so haben 73,2 % den internen Berater und nur noch 0,5% den Erbsenzähler genannt. Die Rollenbilder des Change Agents (Ist 7,9% / zukünftig 30,2%) und des Innovators (Ist 7,8% / zukünftig 14,5%) gewinnen für die Zukunft die meisten Stimmen. Diese Ergebnisse prognostizieren eine sehr positive Entwicklung für den Controller und dessen Stand in der Gesellschaft. Es lässt sich zudem eine Erweiterung der Berufsaufgaben im Wandel der

---

[141] Vgl. zu diesen Ausführungen WEBER, J.: (Rollen der Controller), S. 5f.
[142] Vgl. LÖWER, C.: (Aus Controllern werden Lotsen).
[143] Vgl. LIXENFELD, C.: (Die heimlichen Co-Piloten).
[144] Vgl. WEBER, J.: (Rollen der Controller), S. 7.

Rollenbilder erkennen. Die unterstützenden, rationalitätssichernden und beratenden Aufgaben nehmen zu.[145]

Beachtenswert ist das Rollenverständnis, wenn zwischen Auffassungen von erfolgreichen und nicht erfolgreichen Unternehmen unterschieden wird. In der Abbildung 2 wird der Zusammenhang zwischen Rollenbildern und Unternehmenserfolg dargestellt. Die Rollenprioritäten unterscheiden sich deutlich zwischen den erfolgreichen und nicht erfolgreichen Unternehmen.[146] Die negativ behafteten Rollenbilder (Kontrolleur, Erbsenzähler und Bremser) liegen bei nicht erfolgreichen Unternehmen prozentual höher. Die größte Abweichung (19,3%) ist in der Rolle des Kontrolleurs zu finden. WEBER und SCHÄFFER sind der Auffassung, dass Kontrolle zu den Kernaufgaben von Controllern zählt. Aber wenn die funktionale Wirkung von Kontrolle versagt, werden bei der Suche nach dem Schuldigen die Controller für das negative Unternehmensergebnis verantwortlich gemacht.[147] Dieses Verständnis vom Rollenbild des Kontrolleurs kann als Beleg für die hohe Differenz dienen. Bei den positiv behafteten Rollenbildern (ökonomisches Gewissen, Steuermann und Hofnarr) hingegen fällt die Abweichung relativ gering aus. Dieses Ergebnis lässt vermuten, dass die Leistung des eigenen Controllings anhand des Rollenverständnisses im eigenen Unternehmen gemessen werden kann, weil das Unternehmensergebnis einen signifikanten Einfluss auf das Rollenverständnis hat.

---

[145] Vgl. zu diesem Absatz WEBER et al.: (Controlling 2006), S. 44f.
[146] Vgl. WEBER, J.: (Rollen der Controller), S. 10.
[147] Vgl. WEBER, J./SCHÄFFER, U.: (Balanced Scorecard), S. 185.

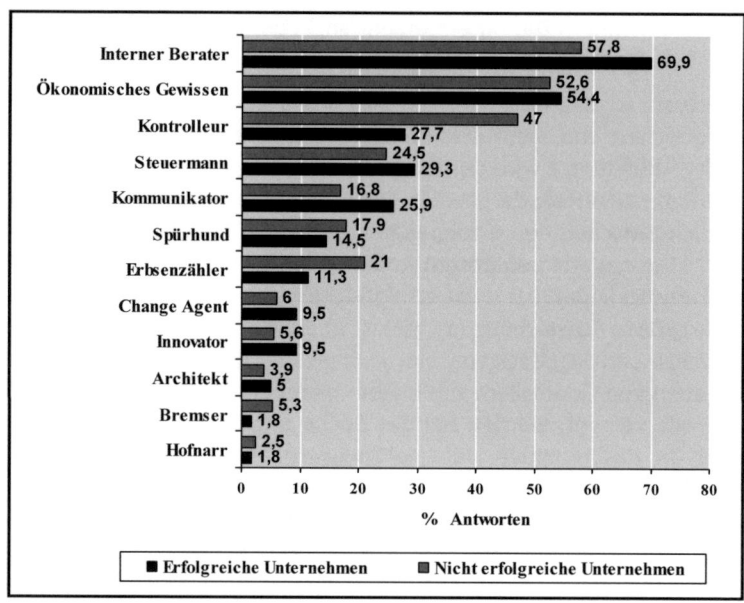

Abbildung 2: Zusammenhang zwischen Rollenbildern und Unternehmenserfolg[148]

In Deutschland herrscht eine große Begriffsvielfalt für die verschiedenen Rollen des Controllers. Nach WEBER können alle unterschiedlichen Rollenbilder empirisch belegt werden. Es ist ein Trend weg von den klassisch, negativ besetzten Bildern (Erbsenzähler, Kontrolleur) hin zu einer proaktiven Unterstützung des Managements (Change Agent, Innovator) zu erkennen. Das Ansehen des Controllers entwickelt sich positiv. Bei der Betrachtung des Zusammenhangs zwischen Rollenbildern und Unternehmenserfolg konnte gezeigt werden, dass Rollenbilder als Gradmesser des Controllingerfolges zu verstehen sind. Rollenbilder haben somit eine Bedeutung, die deutlich die Funktion eines Kommunikationshilfsmittels übersteigt.[149]

---

[148] Die Daten für die Abbildung wurden aus WEBER, J.: (Rollen der Controller), S. 10 entnommen und eigenständig aufbereitet.
[149] Vgl. zu diesem Absatz WEBER, J.: (Rollen der Controller), S. 14.

4.2 Das gegenwärtige Anforderungsprofil des deutschen Controllers und des US-amerikanischen Management Accountants

In den letzten Jahrzehnten ist das Anforderungsprofil an den Beruf des Controllers anspruchsvoller geworden. Als Hauptgründe für das gewandelte Profil der Controller nennt ROCKEL die gestiegenen Anforderungen an Reporting-Prozesse in den Unternehmen.[150] In einem Interview[151] wurde HAUSER nach den Entwicklungen gefragt, die die Anforderungen an den Controller bestimmen. Für ihn stellen die Veränderungen im Umfeld der Controller, wie die Globalisierung und die Internationalisierung, den Auslöser für das veränderte Anforderungsprofil des Controllers dar. Zudem stellt für HAUSER die Entwicklung rund um die IFRS ein Megatrend im Aufgabenbereich der Controller dar. Sowohl die Aufgaben der Controller als auch die Fertigkeiten und Kenntnisse, die von Controllern heutzutage verlangt werden, sind vielfältiger geworden. Nach der Erläuterung des gegenwärtigen Anforderungsprofils mit seinen Berufsaufgaben, Kenntnissen und Fähigkeiten wird auf die Ausbildungswege und dann auf die Berufsaussichten, den Karrierepfad und das Gehalt der Controller und Management Accountants eingegangen.

4.2.1 Berufsaufgaben

Die einzige Studie zur Controllership in Deutschland und den USA wurde von STOFFEL durchgeführt. Dieser befragte jeweils 350 deutsche und US-amerikanische Unternehmen im Januar und Februar 1993 in Form eines Fragebogens zur Controllership.[152] Der technologische Fortschritt mit seinen Computern, der Software und dem Internet wird sowohl in Deutschland als auch in den USA als der Hauptgrund für die Weiterentwicklung der Controllership angeführt. Im Jahr 1993 war der technologische Fortschritt keineswegs ausgereift und aus diesem Grunde ist das Ergebnis der Studie kritisch zu betrachten, da der technische Fortschritt in den folgenden Jahren eine rasante Weiterentwicklung genommen hat. Dennoch wird an dieser Stelle auf die Breite und Schwerpunkte des Aufgabenspektrums der Controllerbereiche in Deutschland und den USA nach STOFFEL eingegangen, da dieses Ergebnis das einzige dieser Art ist und somit eine vergleichende Betrachtung zulässt. Anschließend wird anhand der natio-

---

[150] Vgl. ROCKEL, T.: (Deutschland entdeckt Controlling), S. 438.
[151] Vgl. zu dem Interview mit Hauser BIEL, A.: (Controller-Anforderungen), S. 13.
[152] Vgl. STOFFEL, K.: (Controllership im Vergleich), S. 126f.

nalen Literatur und Studien ein aktuelles Bild über die Controlleraufgaben gegeben.

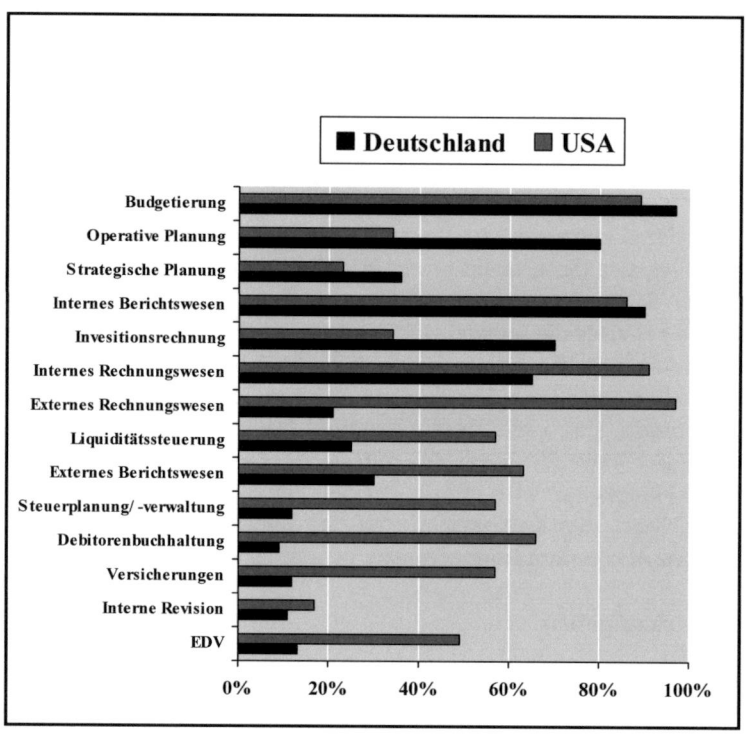

Abbildung 3: Aufgabeninhalte der Controller in Deutschland und den USA[153]

Die Abbildung 3 zeigt die Aufgabeninhalte der Controller in Deutschland und in den USA. Für die deutsche Unternehmenspraxis stellen die Budgetierung (97%) und das interne Berichtswesen (90%) die beiden gewichtigsten Aufgabenfelder der Controller dar. Es folgen die operative Planung (80%), die Investitionsrechnung (70%) und das interne Rechnungswesen (65%). In der amerikanischen Unternehmenspraxis stellen dagegen das externe (97%) und das interne Rechnungswesen (91%) noch vor der Budgetierung (89%) und dem internen Berichtswesen (86%) die hauptsächlichen Controllerbereiche dar.[154] Aus der Abbildung wird ersichtlich, dass das Aufgabenspektrum der US-amerikanischen Controller sehr viel brei-

---

[153] Die Abbildung wurde unter Modifikation entnommen aus STOFFEL, K.: (Controllership im Vergleich), S. 157.
[154] Vgl. zu diesen Ausführungen STOFFEL, K.: (Controllership im Vergleich), S. 155ff.

ter und heterogener als das der deutschen Controller ist.[155] Der Grund dafür liegt in der nichtbestehenden strikten Trennung zwischen dem internen und externen Rechnungswesen in den USA. Zudem wird das Management Accounting mit Daten aus den Kostenrechnungssystemen des Financial Accountings versorgt (Vgl. Kapitel 2.4). Dies führt zu Überschneidungen bei den Berufsaufgaben und verbreitert das Aufgabenfeld des amerikanischen Controllers. Als Beleg für diese Tatsache kann der Artikel von SUTTHIWAN und CLINTON angeführt werden.[156] In diesem wird berichtet, dass die amerikanischen Controller ihre Arbeit kaum bewältigen können. Als Gründe werden unter anderem die widersprüchlichen Berufsspezialisierungen, die vermehrte betriebliche Arbeitskomplexität und die übermäßigen Rechtsvorschriften vorgebracht. Dies führt zu einem Konflikt zwischen Controllership und Compliance Accounting. Unter Controllership werden die Management Accounting Aufgaben verstanden, die vornehmlich mit der Optimierung des Unternehmensergebnisses zu tun haben. Das Compliance Accounting dagegen befasst sich mit dem External Reporting (Externen Rechnungswesen). Der Compliance Accountant sorgt beispielsweise für die Fehlerfreiheit der Bilanzabschlüsse und der Normentsprechung nach SOX. Die Autoren wünschen sich deshalb eine strikte Trennung der Rollen von Management und Compliance Accountants, da gegenwärtig vom Management Accountant beide Tätigkeiten wahrgenommen werden müssen. Dadurch könnte der Management Accountant mehr seiner eigentlichen Rolle als Strategic Business Partner nachkommen.

Als relativ homogene Aufgabenfelder der deutschen und amerikanischen Controller lassen sich die Budgetierung und das interne Berichtswesen nennen (vgl. Abbildung 3). „Die Budgetierung wird häufig als das Instrument der Planung angesehen, mit dem am zeitlichen Ende des Planungsprozesses die erstellten Pläne in quantitative, vor allem wertmäßige Größen transformiert werden"[157]. Die Controller erstellen Budgets[158] und geben diese Finanzvorgaben an die anderen Abteilungen der Unternehmungen weiter. Unter dem Berichtswesen wird die Übermittlung von innerbetrieblichen Informationen verstanden. „Die Gestaltung und Pflege des Berichtswesens ist eine Kernaufgabe der Controller. Der Berichts-

---

[155] Vgl. STOFFEL, K.: (Controllership im Vergleich), S. 253.
[156] Vgl. zu den folgenden Ausführungen SUTTHIWAN, A./CLINTON, D.: (Controllership and Compliance), S. 43ff.
[157] HORVÁTH, P.: (Controlling), S. 212.
[158] Ein Budget ist ein „ein formalzielorientierter, in wertmäßigen Größen formulierter Plan, der eine Entscheidungseinheit für eine bestimmte Zeitperiode mit einem bestimmten Verbindlichkeitsgrad" vorgibt. Zitiert nach ebenda, S. 213.

zweck stellt den Ausgangspunkt aller Überlegungen zur Gestaltung des Berichtswesens – also die Frage nach dem Ziel der Informationsübermittlung – dar"[159]. Bei der Unterscheidung zwischen dem internen und externen Berichtswesen wird der Adressatenkreis angesprochen. Interne Adressaten sind Mitarbeiter des Unternehmens und externe Adressaten zum Beispiel Aktionäre und die Öffentlichkeit. Die Berichte stellen daher ein wichtiges Arbeitswerkzeug der Controller dar, um ihrer Funktion als Informationsversorger des Managements nachzukommen.

In der deutschsprachigen Literatur werden die Controlleraufgaben oftmals unter funktionalen Gesichtspunkten geordnet. Controller haben je nach Auffassung der Autoren für die Planung, Steuerung, Kontrolle und Informationsversorgung des Unternehmens zu sorgen. Aufgrund des begrenzten Rahmens dieser Arbeit wird auf eine ausführliche Darstellung der verschiedenen Autoren verzichtet. An dieser Stelle wird die Aufgabenunterscheidung nach WEBER und SCHÄFFER vorgestellt. Diese leiten aus den Eigenschaften von Controllern und Managern drei verschiedene Aufgabentypen ab.[160] Die Aufgabentypen setzen an der Beziehung zwischen dem Controller und seinem Vorgesetzten an. Aufgabentyp 1 stellt **Entlastungsaufgaben** dar. Diese Aufgaben werden vom Manager aufgrund eines ökonomischen Kalküls an den Controller gestellt. Darunter fallen die Übernahme des Berichtswesens, Abweichungsanalysen oder Planungsaufgaben. Durch die Übernahme dieser Aufgaben wird die Wirtschaftlichkeit des Führungsbereiches erhöht. Aufgabentyp 2 umfasst **Ergänzungsaufgaben**. Bei diesen Aufgaben gleicht der Controller Könnensdefizite der Manager aus. Als Beispiel für Ergänzungsaufgaben wird die Überprüfung vorliegender Pläne angesehen. Dadurch können falsche Annahmen und Einschätzungen oder Rechenfehler vermieden werden. **Begrenzungsaufgaben** stellen Aufgabentyp 3 dar. „Diese werden von Controllern dann wahrgenommen, wenn sie Manager daran hindern, Entscheidungen zu fällen und durchzusetzen, die weniger dem Unternehmen als der eigenen Karriere nützen"[161].

In der ICV-Studie *Controlling 2006 – Stand und Perspektiven* wurden Controller nach der aktuellen und zukünftigen Bedeutung wichtiger und konkreter Aufgaben, die das Controlling zu erfüllen hat, befragt.[162] Es wurde zwischen Aufgaben der Informationsversorgung, der Planung und Kon-

---

[159] WEBER, J./SCHÄFFER, U.: (Einführung Controlling), S. 230.
[160] Vgl. zu den folgenden Ausführungen WEBER, J.: (Controller-Excellence), S. 69f.
[161] WEBER, J.: (Rollen der Controller), S. 5.
[162] Die folgenden Ausführungen beziehen sich auf WEBER et al.: (Controlling 2006), S. 32f.

trolle, der Koordination und der Rationalitätssicherung unterschieden. Die Bedeutung der Aufgaben wurde anhand einer Skala von 1-7 gemessen, wobei 1 für überhaupt keine Bedeutung, 4 mittelmäßige Bedeutung und 7 sehr hohe Bedeutung steht. Das Ergebnis der Befragung wird in Abbildung 4 dargestellt.

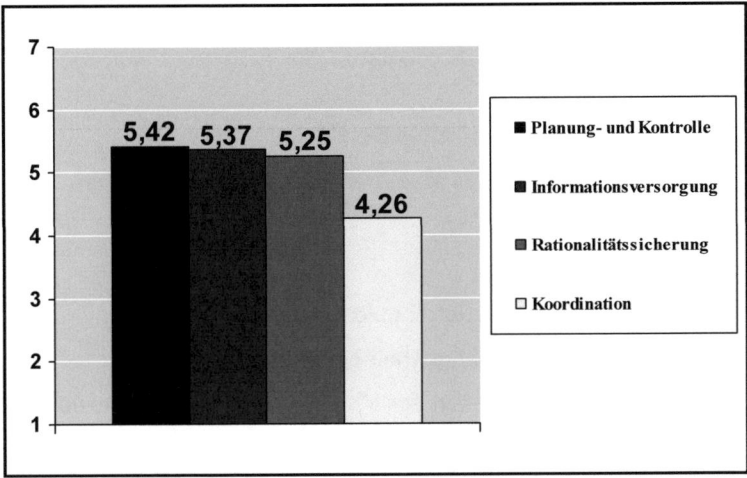

Abbildung 4: Controllingaufgaben[163]

Es kann festgehalten werden, dass den Controllingaufgaben eine mittlere bis hohe Relevanz zugesprochen wird. Drei der vier Aufgabengruppen werden sehr ähnlich in Bezugnahme auf ihre Bedeutung eingeschätzt. Die Koordinationsaufgabe wird von den Studienteilnehmern als weniger wichtig erachtet. Werden den Tätigkeiten der Planung und Kontrolle und Koordination zukünftig weniger Bedeutung zugesprochen, werden die Aufgaben der Informationsversorgung und Rationalitätssicherung zukünftig ein konstantes Bedeutungsniveau für die Auftragserfüllung im Controllerbereich besitzen. Des Weiteren wurden in der Studie die einzelnen Hauptaufgaben in Aufgabenkategorien aufgeschlüsselt und die Studienteilnehmer wiederum nach ihrer jeweiligen Bedeutung befragt. Bei den Informationsversorgungsaufgaben wurde der Informationspräsentation ein Skalenwert von 6,05 und der bedarfsgerechten Informationsaufbereitung ein Wert von 5,41 zugesprochen. Dieses Ergebnis zeigt, wie wichtig den befragten Controllern die Präsentation von Informationen und deren bedarfsgerechten Aufbereitung und Strukturierung gegenüber dem Management ist. Zu den wichtigsten Aufgaben der Planung und Kontrolle gehört der Soll-Ist-Vergleich (Skalenwert 5,88) und die Planauf-

---

[163] In Anlehnung an WEBER et al.: (Controlling 2006), S. 32.

stellung (5,81). Mit diesen beiden Teilaufgaben des Planungs- und Kontrollprozesses haben die Controller einen hohen Einfluss auf das Unternehmensergebnis, da sie die Planaufstellung überwachen und es ihnen über den Soll-Ist-Vergleich möglich ist, eventuelle Abweichungen zwischen Planwerten und realen Entwicklungen zu identifizieren.[164]

In der amerikanischen Literatur nennen ANTHONY und GOVINDARAJAN als Aufgaben der Management Accountants die folgenden Management Control Activities:

- *Planning* what the organization should do.
- *Coordinating* the activities of several party of the organization.
- *Communicating* information.
- *Evaluating* information.
- *Deciding* what, if any, action should be taken.
- *Influencing* people to change their behaviour.[165]

Das IMA beschreibt die Aufgaben der Management Accountants auf seiner Website wie folgt,

„Management accounting is the internal business building role of accounting and finance professionals who work inside organizations. These professionals are involved in designing and evaluating business processes, budgeting and forecasting, implementing and monitoring internal controls, and analyzing, synthesizing, and aggregating information—to help drive economic value"[166].

In dem Artikel *Redefining Management Accounting – Promoting the Four Pillars of our Profession* betont BREWER, dass es beim Management Accounting in erster Linie darum geht, interne Arbeitsabläufe zu beaufsichtigen, um das Unternehmensergebnis zu optimieren.[167] Nach BREWER liegt die größte Verantwortung der Management Accountants darin, Stakeholder Value hinzuzufügen. „Der Stakeholder-Ansatz stellt eine kontinentaleuropäische Sichtweise dar, die im Kontrast zur vollkommen Shareholder-ausgerichteten Philosophie des angloamerikanischen Wirtschaftsy-

---

[164] Vgl. zu diesem Absatz WEBER et al.: (Controlling 2006), S. 33ff.
[165] ANTHONY, R.N./GOVINDARJAN, V.: (Management Control Systems), S. 7.
[166] IMA: (About Management Accounting).
[167] Vgl. zu den folgenden Ausführungen BREWER, P.: (Redefining Management Accounting), S. 28.

stems steht"[168]. Der Unterschied zwischen Shareholder- und Stakeholder-Ansatz besteht in den Interessengruppen. Beim Shareholder Value geht es darum, die Aktionäre, oder allgemein gehalten, die Anteilseigner zufrieden zu stellen. Der Stakeholder Value-Ansatz setzt an der Maximierung der Interessen von Kunden, Arbeitnehmern, Lieferanten, Fremdkapitalgebern und Eigentümern an.[169] In den letzten Jahren hat die Orientierung am Shareholder Value auch in Deutschland Verbreitung gefunden.[170] Dies ist auch der Grund dafür, warum die Meinung von BREWER so interessant erscheint. BREWER nimmt eine europäische Sichtweise an, wenn er in der Hauptaufgabe der Management Accountants die Erzeugung von Stakeholder Values sieht.

In der Studie *Counting More, Counting Less* wurde festgestellt, dass es zu Veränderungen der Berufsaufgaben der Management Accountants kam. Es wird von einem Wandel von „traditional accounting work activities to newer, more value-added activities"[171] gesprochen. Als die entscheidenden Arbeitsaufgaben im Jahr 1999 wurden mit 25,3% das Long-term, Strategic Planning und das Process Improvement mit 10,1% angesehen. Diesen Aufgaben folgen Tätigkeiten im Bereich von Accounting Systems und Financial Reporting (5,4%) und dem Short-Term Budgeting Process (5,1%). Zudem finden sich Aufgabeninhalte der STOFFEL-Studie in der Liste der Studie *Counting More, Counting Less*. Darunter fallen Aufgaben im Bereich EDV mit 4,4%, Steuerplanung- und verwaltung mit 2,4% und der internen Revision mit nur 0,3%. THOMSON beschreibt die Planfunktion der Management Accountants in den USA als das Herz, die Seele und das Lebensblut der Management Accountants. Nach ihm stellt das Planen eine vorausblickende, einflussreiche Aktivität dar, die über einen langen Zeitraum Auswirkungen auf die Hauptinteressensgruppen (Key Stakeholders) hat.[172]

4.2.2 Kenntnisse und Fähigkeiten

Die Kenntnisse und Fähigkeiten, die von einem Controller in den USA und Deutschland im 21. Jahrhundert verlangt werden, sind aufgrund der Mehrzahl der konvergierenden Einflussfaktoren übereinstimmend. Infolgedessen werden im nachfolgenden Abschnitt die Anforderungen an den Controller, wie sie in der deutschsprachigen als auch amerikanischen Lite-

---

[168] BAUER, H./STOKBURGER, G./HAMMERSCHMIDT, M.: (Marketing), S. 89.
[169] Vgl. SKRZIPEK, M.: (Shareholder Value versus Stakeholder Value), Kapitel 2 und 3.
[170] Vgl. NEUS, W.: (Einführung in die Betriebswirtschaftslehre), S. 141.
[171] RUSSEL, K./SIEGEL, G./KULESZA, C.: (Counting More, Counting Less), S. 41.
[172] Vgl. THOMSON, J.: (Anatomy of a Plan), S. 22.

ratur beschrieben werden, geschildert.[173] Es wird zwischen fachlichen und persönlichen Anforderungen differenziert. Aufgrund des Rahmens dieser Arbeit können nicht alle fachlichen und persönlichen Anforderungen genannt werden, sondern nur jene auf die in der Literatur am häufigsten hingewiesen wird. Im Anschluss daran wird auf aktuelle Befragungsergebnisse von deutscher und amerikanischer Seite und auf deren Besonderheiten eingegangen.

4.2.2.1 Fachliche Anforderungen

VON LANDSBERG und MAYER haben in ihrer empirischen Analyse aus dem Jahr 1986/87 erstmalig das genauere Berufsbild des Controllers untersucht. Sie kamen zu dem Ergebnis, dass Controller überwiegend Fachkenntnisse in Kostenrechnung, EDV, Organisationsmethoden, Finanzbuchhaltung, Abweichungsanalyse, Bilanzierung, Allgemeiner Betriebswirtschaftlehre und Investitionsrechnung haben sollten. Außerdem werden Fachkenntnisse in Absatz, Marketing, Vertrieb, Finanzierung, Statistik, Mathematik, Recht, Firmenkenntnis und Fremdsprachen in der Studie genannt.[174] KÜPPER spricht gegenwärtig davon, dass der Controller Grundkenntnisse in allen betrieblichen Bereichen haben sollte. Für ihn bildet das interne Rechnungswesen mit der Kosten- und Leistungsrechnung und der Investitionsrechnung den Kern- und Ausgangspunkt. Daneben sind Grundkenntnisse im externen Rechnungswesen notwendig.[175] In Kapitel 3 wurde bereits aufgezeigt, dass Controller in der heutigen globalen Welt fachliches, theoretisches und methodischen Wissen in IFRS, US-GAAP, HGB und SOX haben sollten. Kenntnisse über fremde Kulturen sollte der Controller von heute ebenfalls aufweisen. Dass Fachkenntnisse in der Kostenrechnung, der Investitionsrechnung und der externen Rechnungslegung unverzichtbar sind, wurde anhand der *Dax 30-Studie* von WEBER belegt. Der größte Nachholbedarf bei den Konzerncontrollern bestehe derzeit bei den Kenntnissen der externen Rechnungslegung.[176] Es bleibt festzuhalten, dass die IFRS sowohl den deutschen als auch den amerikanischen Controllern in Zukunft viel Aufmerksamkeit abverlangen werden.

---

[173] Vgl. zu den persönlichen und fachlichen Anforderungen an Management Accountants die Ausführungen von SIEGEL, G./SORENSEN, J./RICHTERMEYER, S.: (Part 1), S. 38-43 und (Part 2), S. 37-41.
[174] Vgl. VON LANDSBERG, G./MAYER, E.: (Berufsbild des Controllers), S. 89.
[175] Vgl. KÜPPER, H.-U.: (Controlling), S. 537.
[176] Vgl. zu diesen Ausführungen WEBER, J.: (Von Top-Controllern lernen), S. 103.

4.2.2.2 Persönliche Anforderungen

Die persönlichen Anforderungen an den Controller sind in den letzten Jahrzehnten aufgrund des gewandelten Berufsbildes zunehmend gestiegen. Diese Liste der geforderten Anforderungen erscheint unendlich. In der heutigen Arbeitswelt werden hohe Erwartungen an den Controller gestellt. „Die fehlende Tiefe der Kenntnisse muss er durch intellektuelle und persönliche Fähigkeiten ausgleichen"[177]. Der Controller sollte Kontaktstärke, Kooperationsbereitschaft, Durchsetzungskraft und Zuverlässigkeit aufweisen.[178] Analytisches Denkvermögen, geistige Flexibilität, ein hohes Maß an Willenskraft zur Durchsetzung seiner Argumente, Sozialverhalten und Führungseigenschaften werden von KÜPPER als unverzichtbare persönliche Anforderungen an den Controller genannt.[179] Nach BECKER sollte das Persönlichkeitsprofil des Controllers starke kommunikative Elemente aufweisen. Mit der richtigen Kommunikationstechnik kann die Autorität seiner Persönlichkeit, seine Überzeugungskraft und die klare und transparente Führung des Gespräches zum Ergebnis führen. Für BECKER gehören unter anderem die Bereitschaft und Fähigkeit zum Lernen, die Fähigkeit, sinnvoll Prioritäten zu setzen und unter anderem die Fähigkeit, in Szenarien zu denken (,vernetztes Denken') zum persönlichen Anforderungsprofil eines Controllers.[180]

Der Controller von heute leistet einen wichtigen Beitrag zur Unternehmensführung. Dabei wird er „zunehmend als Vordenker gefordert, der den Überblick über die Abläufe und die Situation im Unternehmen hat, der Entscheidungen vorbereitet und argumentiert"[181] Er steht auch oft vor der Aufgabe, unangenehme Wahrheiten anzusprechen. Dafür benötigt der Controller eine hohe Selbstinstanz und kommunikative Kompetenz. Nur mit diesen persönlichen Kompetenzen wird er mit „Projektionen von Frustration, Schuldgefühlen und Misserfolgserlebnissen seiner Gesprächspartner angemessen umgehen und unnötige Streitgespräche vermeiden"[182] können.

Der ICV hat vier verschiedene Arten von Kompetenzen, die für den Controller relevant und erfolgsbestimmend sind, ausgemacht. Dazu gehören die Fachkompetenz, Methodenkompetenz, persönliche und soziale Kom-

---

[177] KÜPPER, H.-U.: (Controlling), S. 539.
[178] Vgl. VON LANDSBERG, G./MAYER, E.: (Berufsbild des Controllers), S. 9of.
[179] Vgl. KÜPPER, H.-U.: (Controlling), S. 539.
[180] Vgl. BECKER, H.: (Controller – Berufsbild im Wandel), S. 42f.
[181] RÜCKLE, H.: (Person des Controllers), S. 388.
[182] RÜCKLE, H.: (Person des Controllers), S. 391.

petenz und Geschäftskompetenz.[183] Diese Kompetenzen sind notwendig, damit der Controller komplizierte Sachverhalte auf den Punkt bringt, Positionen begründet, klare Botschaften formuliert und der Geschäftleitung auf dem Weg zum Unternehmenserfolg Orientierung vermittelt. Zu den Kenntnissen und Fähigkeiten, die ein Berufseinsteiger für den Beruf des Controllers haben sollte[184], zählen gute Noten und die Fähigkeit, sich ausdrücken zu können und ein weites betriebswirtschaftliches Allgemeinwissen. Selbstbewusstsein und -vertrauen, Basiswissen in der Rechnungslegung, Kommunikations- und Führungskenntnisse, kritisches Denken, Mut zur Eigeninitiative und Genauigkeit beim Arbeiten sollten Bewerber als Fähigkeiten nachweisen können. Für GISELA SEGGEBRUCH stellen Methoden- und Fachkompetenzen ein absolutes ‚Muss' dar. EDV- Kenntnisse sind für sie bei einem Controllingbewerber selbstverständlich und unerlässlich. Da eine zunehmende internationale Ausrichtung der Geschäftstätigkeiten zu verzeichnen ist, sieht SEGGEBRUCH die Beherrschung der englischen Sprache in Wort und Schrift ebenfalls als ein ‚Muss' an. Soziale und interkulturelle Kompetenzen und eine stark ausgeprägte Kommunikationsfähigkeit spielen eine immer größere Rolle bei der Bewerberauswahl.[185] Diese und viele andere Kompetenzen sind notwendig, um als Controller erfolgreich zu sein und dem Manager als Strategic Business Partner oder interner Berater zur Seite zu stehen.

---

[183] Vgl. BIEL, A.: (Controller-Anforderungen), S. 26f.
[184] Die folgenden Ausführungen beziehen sich auf SIEGEL, G.: (Skills Needed), S. 79f.
[185] Vgl. SEGGEBRUCH, G.: (Controller-Karriere), S. 120.

4.2.2.3 Kenntnisse und Fähigkeiten aus empirischen Studien

In der Abbildung[186] 5 werden die aktuellen Voraussetzungen für den Controllerberuf in Deutschland dargestellt. Die genannten Eigenschaften sind nach Meinung der befragten Controller die notwendigen Voraussetzungen für einen Controller. Die ausgeprägte Fähigkeit, kritisch zu hinterfragen und die Kommunikationsfähigkeit eines Controllers werden am häufigsten genannt. Auf dem dritten und vierten Platz folgen das Beherrschen von Controllinginstrumenten und das Geschäftsverständnis. Die Bedeutung der Sozialkompetenzen wird bei der Einschätzung der Befragten für den beruflichen Erfolg sehr hoch eingestuft. Zu den sozialen Kompetenzen zählen die Fähigkeit, kritisch zu hinterfragen, angemessen zu kommunizieren, Teamfähigkeit, Standfestigkeit, Überzeugungsfähigkeit und Führungskompetenzen.[187] Die fachlichen Kenntnisse belegen nur den dritten, vierten und achten Platz in Bezug auf die Wichtigkeit. Dieses Ergebnis zeigt, dass heutzutage die sozialen Kompetenzen für Controller den gleichen Stellenwert wie fachliches Wissen haben. Die Studienteilnehmer wurden außerdem nach der zukünftigen Bedeutung der Eigenschaften gefragt. Fast allen Eigenschaften, insbesondere der Kommunikationsfähigkeit, wurde eine zukünftig steigende Bedeutung zugesprochen. Insgesamt ist ein Trend zu mehr sozialen Kompetenzen in der Studie zu erkennen.[188]

---

[186] In Anlehnung an Weber et al.: (Controlling 2006), S. 56.
[187] Vgl. KÜPPER, H.-U.: (Controlling), S. 536ff.
[188] Vgl. zu dem Absatz Weber et al.: (Controlling 2006), S. 56ff.

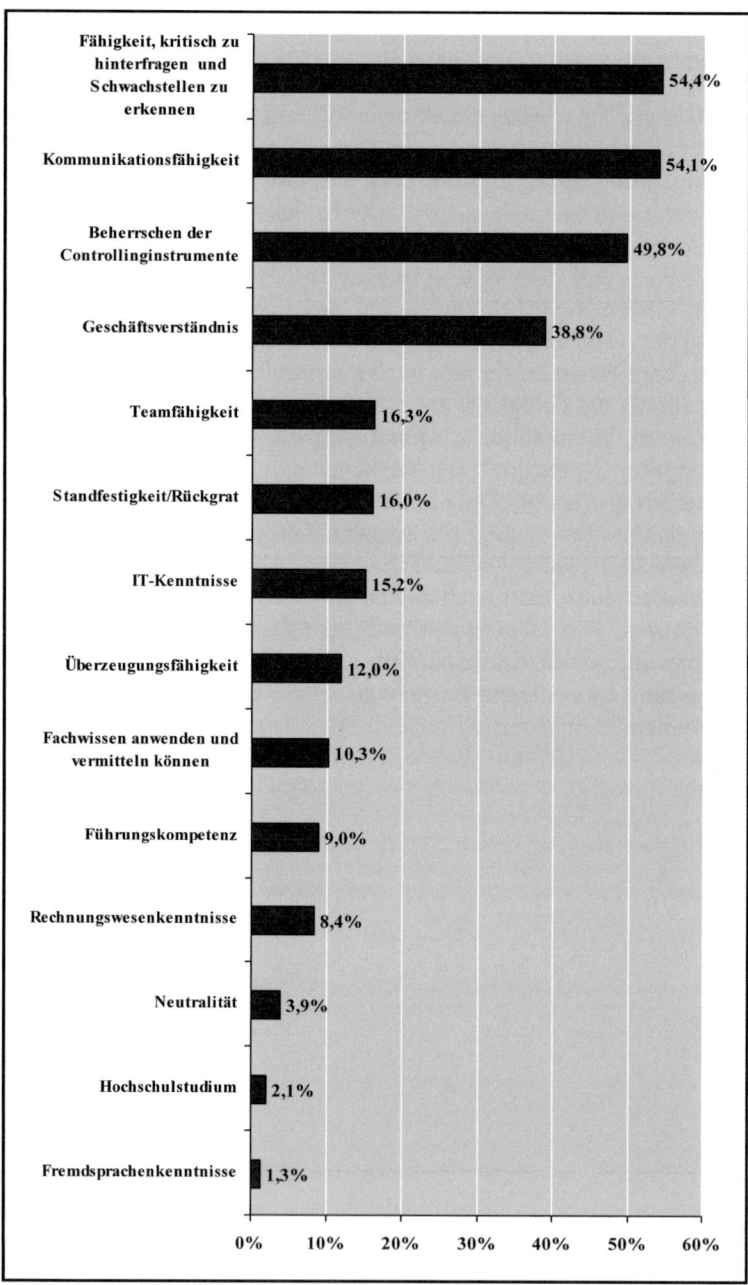

Abbildung 5: Aktuelle Voraussetzungen für den Controllerberuf

In den USA werden die Fähigkeiten und Kenntnisse der Management Accountants unter most important Knowledge, Skills and Abilities for Work (KSA) zusammengefasst. Diese wurden letztmalig 1996 im Rahmen der Studie *The Practice Analysis of Management Accounting* erfragt. Die Wichtigkeit der einzelnen KSAs wurde anhand einer Fünf-Punkte-Skala (1=„nicht wichtig" und 5=„sehr wichtig") gemessen. Der Mittelwert (Mean) wird in der folgenden Abbildung dargestellt.

KSA	MEAN
Work ethic	4,67
Analytical/problem –solving skills	4,66
Interpersonal skills	4,64
Listening skills	4,58
Use of computerized spreadsheets	4,51
Understanding the business	4,48
Understanding bottom-line implications of day to day business and accounting decisions	4,44
Writing Skills	4,32
Familiarity with business processes	4,32
Leadership Skills	4,30
Understanding/preparing financial statements	4,29
Use of computerized accounting systems	4,22
Interpreting or analyzing financial statements	4,19
Speaking/presentation skills	4,11

Abbildung 6: Most important Knowledge, Skills and Abilities for Work[189]

Als wichtigstes KSA wird Work Ethic in den USA angeführt.

> „Ethics is the moral system or set of values that individuals use to regulate their behaviour. [...] Therefore, individuals are guided by different ethical systems. It is important because organization can be profoundly affected by legal or social sanctions resulting from unethical behaviour of their employees"[190].

Das SOX kann als ein Gesetz gegen unethische Entscheidungen in der Rechnungslegung verstanden werden. In der Verantwortung eines jeden Controllers liegt die Zusicherung, dass die gelieferten Daten glaubwürdig und frei von jeglichen Manipulationen sind.[191] Wie die Deutschen betonen

---

[189] In Anlehnung an SIEGEL, G./KULESZA, C.: (Practice Analysis), S. 21.
[190] ATKINSON et al.: (Management Accounting), S. 16.
[191] Vgl. ebenda, S. 16.

die US-Amerikaner in ihrem Ranking die Kommunikationsfähigkeiten und das allgemeine Geschäftsverständnis. Eine vergleichende Betrachtung kann aufgrund der unterschiedlichen Datenbasis nicht vorgenommen werden.

4.2.3 Ausbildungswege

Für den Beruf des Controllers gibt es in Deutschland keine staatlich anerkannte eigene Ausbildung. Der Beruf des Controllers stellt somit keinen Ausbildungsberuf, sondern einen Erwerbsberuf dar. Der Controller qualifiziert sich durch eine kaufmännische Ausbildung und/oder ein betriebswirtschaftliches Studium mit dem Schwerpunkt Controlling. In der späteren Praxis kann durch Weiter- und Fortbildungen, zum Beispiel bei der Industrie- und Handelskammer (IHK), eine Prüfung zum „Geprüften Controller" abgelegt werden. In diesem Sinne stellt der Beruf des Controllers einen Fortbildungsberuf dar. Spezialisierte Dienstleistungsunternehmen sowie Vereinigungen und Interessensgemeinschaften bieten als Träger des Bildungsangebotes für Controlling Schulungen und Seminare für Controller an. Hierzu zählen beispielsweise die Controller Akademie (gegründet im Jahre 1971 von ALBRECHT DEYLE) und die Horváth & Partner GmbH mit ihrer angeschlossenen Akademie.[192] Ein weiterer Ausbildungsweg ist ein Studium an Fachhochschulen oder Berufsakademien[193]. In der Literatur haben sich zwei ‚ideale' Bildungsgänge zum Controller herausgebildet: 1. Lehre – Praxis – Weiterbildung und 2. Lehre – Studium – Praxis – Weiterbildung.[194]

An deutschsprachigen Universitäten und wissenschaftlichen Hochschulen existieren nach BINDER und SCHÄFFER 72 Lehrstühle, die explizit die Bezeichnung „Controlling" im Lehrstuhlnamen führen. Nur 15% der 72 Lehrstühle seien ‚reine' Controllinglehrstühle. Die restlichen Lehrstühle treten in Verbindung mit Fächern wie Unternehmensrechnung/Rechnungswesen oder Wirtschaftsprüfung auf.[195] Hat der zukünftige Controller beispiels-

---

[192] Vgl. zu diesem Absatz HAHN, D.: (Controlling in Deutschland), S. 31ff.
[193] „Berufsakademien sind Einrichtungen nichtstaatlicher Träger, die eine mindestens dreijährige wissenschaftsbezogene und zugleich praxisorientierte berufliche Bildung vermitteln. Die Ausbildung besteht aus einer praktischen Ausbildung in Betrieben der Wirtschaft oder vergleichbaren Einrichtungen der Berufspraxis und aus einem mit der praktischen Ausbildung abgestimmten Studium an der Berufsakademie, mit der die Betriebe zusammenwirken (duale Ausbildung). Das Studium an der Berufsakademie beträgt pro Halbjahr in der Regel zehn Wochen" zitiert nach NMWK: (Berufsakademien).
[194] Vgl. VON LANDSBERG, G./MAYER, E.: (Berufsbild des Controllers), S. 96.
[195] Vgl. BINDER, C./SCHÄFFER, U.: (Controllinglehrstühle), S. 12ff.

weise Betriebswirtschaftslehre mit Schwerpunkt Controlling studiert und begleitend Erfahrungen in Betriebspraktika sammeln können, ist der „Rucksack für das Besteigen einer Controller-Karriere schon sehr gut gefüllt"[196]. Nach dem Studium folgt entweder ein Direkteinstieg in die freie Wirtschaft oder Absolventen erweitern ihre Laufbahn um eine Promotion. Diese Karrierepfade ermittelten AHRENS und CHAPMAN in ihrer Befragung deutscher Controller. Zudem wurde von ihren Studienteilnehmern eine vorherige Ausbildung zum Bankkaufmann als eine sehr nützliche und praktische Erfahrung angesehen.[197]

WEBER interviewte für seine *Dax-30* Studie die jeweiligen Top-Controller aus den deutschen DAX-30 Unternehmen. Es haben sich insgesamt 26 Controller für ein Interview zur Verfügung gestellt. Zum akademischen Hintergrund der Top-Controller stellte sich heraus, dass alle ein abgeschlossenes Studium vorwiesen. Knapp 30% der befragten Controller absolvierten eine kaufmännische Lehre vor dem Studium, davon die Hälfte eine Ausbildung zum Bankkaufmann. Knapp 50% der Konzerncontroller reichte das Diplom als Abschluss nicht aus und sie haben deshalb ihre akademische Ausbildung mit einer Promotion fortgesetzt.[198] Dieses Ergebnis gleicht den Resultaten der Studie von AHRENS und CHAPMANN. Zum heutigen Zeitpunkt der Controllingforschung lässt sich sagen, dass in Deutschland ein Studium der am häufigsten gewählte Ausbildungsweg zum Controller darstellt.

In den USA findet sich ein ähnlicher Ausbildungsweg mit dem Unterschied, dass dort nach dem Studium so genannte Certificates (Zertifikate) erworben werden können. Accountants in den USA benötigen als Mindestanforderung für das Ausüben ihrer Tätigkeit einen Bachelor's Degree in Business oder Accounting.[199] Einige Arbeitgeber bevorzugen Bewerber mit einem Master's Degree in Accounting oder Business Administration mit einer Vertiefung in Accounting. Diese Abschlüsse können entweder an amerikanischen Colleges oder Universitäten erworben werden. Jeder Accountant, der Berichte in Verbindung mit der SEC abgibt, ist in den USA nach dem Gesetz verpflichtet, ein Certified Public Accountant (CPA) zu sein. Die CPA Ernennung erfolgt nach erfolgreichem Bestehen der vierteiligen Prüfung am jeweiligen State Board of Accountancy. Alle Staaten der USA verwenden die einheitliche Prüfung des American Institute of

---

[196] DEYHLE, A./GÜNTHER, C.: (How to train a Controller), S. 411.
[197] Vgl. AHRENS, T./CHAPMAN, C.: (Role of MA in Britain and Germany), S. 42f.
[198] Vgl zu diesem Abschnitt WEBER, J.: (Von Top-Controllern lernen), S. 24f.
[199] Vgl. zu den folgenden Ausführungen BUREAU OF LABOR STATISTICS: (Occupational Handbook).

Certified Public Accountants (AICPA). Durch die Zertifizierung wird in den USA das berufliche Ansehen gefördert und es bietet deutliche Vorteile auf dem Arbeitsmarkt. Das Zertifikat attestiert berufliche Kompetenzen in einem spezialisierten Berufsfeld und stellt damit einen Berechtigungsnachweis dar. Das Ziel der CPA-Prüfung besteht darin, „to admit individuals into the accounting profession only after they have demonstrated the entry-level knowledge and skills necessary to protect the public interest in a rapidly changing business and financial environment"[200].

Das IMA verleiht das Certified Management Accountant (CMA) Zertifikat. Bewerber müssen mindestens einen Bachelor's Degree haben, zwei Jahre als Management Accountant gearbeitet haben, die vierteilige Prüfung bestehen, fortführenden Bildungsmaßnahmen zustimmen und sich den Standards of Ethical Conduct for Practitioners of Management Accounting fügen. Dieser Kodex beinhaltet die Grundsätze Competence, Confidentiality, Integrity und Objectivity.[201] Das CMA-Zertifikat ist der Nachweis für:

- Umfassende Fähigkeiten im *internen und externen Rechnungswesen* (z. B. Abschlusserstellung, Kostenrechnung, Planung, Erfolgsanalyse,

- Praxisrelevante Kenntnisse in *weiteren Bereichen des Managements* (z. B. IT, Kontrollsystem, Entscheidungstheorie, Mitarbeiterführung und Kommunikation).[202]

Das CMA-Zertifikat ist weltweit anerkannt und kann auch in Deutschland erworben werden. Es stellt einen Nachweis für Fachenglisch auf höchstem Niveau dar. Nach PLININGER öffnet das CMA-Zertifikat Türen im Ausland und sichert den Arbeitsplatz in der heutigen globalen Arbeitswelt. Es stellt eine umfassende praxisrelevante Ausbildung im Rechnungswesen dar und einige große Unternehmen, darunter Johnson & Johnson, Procter & Gamble und AXA, unterstützen diese Qualifizierungsmöglichkeit für ihre Mitarbeiter.[203]

Die *19th Annual Salary* Studie des IMA von 2008 belegte, dass IMA Mitglieder, die eine Zertifizierung haben, höhere durchschnittliche Gehälter und Ausgleichszahlungen erhalten. Die meisten College Accounting Programme fokussieren auf die Entwicklung der schriftlichen und zwischen-

---

[200] Zitiert nach AICPA: (CPA Exam).
[201] Vgl. hierzu die Ausführungen von HORNGREN, C./SUNDEM, G./STRATTON, W.: (Introduction to MA), S. 24f.
[202] Zitiert nach PLININGER, P.: (Ausbildung zum CMA), S. 30.
[203] Vgl. zu diesem Absatz PLININGER, P.: (Ausbildung zum CMA), S. 30.

menschlichen Kommunikationsfähigkeiten und fachliches Methodenwissen. Viele Accountants denken allerdings, dass ihr Abschluss allein unzureichend für ihre berufliche Karriere ist. Deshalb entscheiden sie sich, ein Zertifikat zu erwerben, um ihren selbstgesteckten Berufszielen näher zu kommen. In den USA gibt es bis zu 42 verschiedene Zertifikate dieser Art. Die *19th Annual Salary* Studie zeigte, dass das CPA- und CMA-Zertifikat die dominantesten Zertifikate bezüglich Förderung und Beachtung bei der Erstellung Curricularer Lehrpläne darstellen. COE und DELANEY sind der Meinung, dass das Aufnehmen der Lernziele bezogen auf Zertifikate ein Weg ist, um zu gewährleisten, dass das Accounting Curricula die Studenten mit den Kenntnissen und Fähigkeiten ausstattet, die sie in der Arbeitswelt brauchen. Dieser Weg hilft Studenten, sich bestmöglich auf die sich schnell ändernde Arbeitswelt vorzubereiten, weil so das Accounting Curricula die Inhalte der Zertifikate, die von praktizierenden Fachleuten als wichtig erachtet werden, berücksichtigt.[204]

4.2.4 Berufsaussichten, Karrierepfad und Gehälter

Die Berufschancen für Controller sind in Deutschland und in den USA sehr gut.[205] Heutzutage, in Zeiten der Rezession und globaler Finanzkrise, müssen Kosten überprüft und Einsparungspotentiale aufgezeigt werden. Dabei wird speziell das Controlling als Planungs- und Steuerungsinstrument bedeutender. Die Nachfrage nach hochqualifizierten und spezialisierten Finanzexperten auf den Arbeitsmärkten ist groß.[206]

Der Karrierepfad eines deutschen Controllers könnte nach SEGGEBRUCH folgendermaßen aussehen: Ein Berufsanfänger steigt in ein Großunternehmen oder in eine Tochtergesellschaft eines Konzerns ein. Er sammelt dort die ersten Berufserfahrungen und sollte nach zwei bis drei Jahren als Controller Teamleiterfunktionen wahrnehmen dürfen. Nach einigen Jahren erfolgreicher Arbeit als Team- oder Abteilungsleiter Controlling könnte er Führungspositionen mit kaufmännischer Gesamtverantwortung übernehmen. Das erwünschte Ziel der Controllerkarriere wäre die kaufmännische Geschäftsführung in einem Unternehmen oder ein Platz im Unternehmensvorstand.[207] Die Gehaltsstudie 2007 des Personaldienstleisters Robert Half zeigte, dass Berufsanfänger und Controller mit bis zu zwei Jahren Berufserfahrung zwischen 40.000 und 51.000 Euro im Jahr

---

[204] Vgl. zu diesem Absatz COE, M./DELANEY, J.: (Certifications),S. 49ff.
[205] Vgl. o.V.: (Creating Value, Not Just Measuring It), S. 9; BRONSERT, A.: (Schatzmeister), S. 56; BUREAU OF LABOR STATISTICS: (Occupational Handbook).
[206] Vgl. ROCKEL, T.: (Deutschland entdeckt Controlling), S. 438.
[207] Vgl. SEGGEBRUCH, G.: (Controller-Karriere), S. 121.

verdienen.[208] Controller in Führungspositionen verdienen mehr als 86.000 Euro per anno, wenn sie 15 Jahre Berufserfahrung haben. Des Weiteren wurde in der Studie festgestellt, dass die Nachfrage nach Controllern ungebrochen hoch ist. 25 Prozent der befragten Unternehmen suchen qualifizierte Controller. Diese hohe Nachfrage in den Finanzabteilungen ist zurückzuführen auf die Entwicklung der Controllerrollen vom Zahlenlieferant zum strategischen Berater.

In den USA beginnen die ausgebildeten Management Accountants ihre Karrieren vorwiegend in großen Public Accounting Firmen. Viele Absolventen schätzen diese Firmen als einen guten Trainingsplatz für ihre Karriere ein. Zwischen 80 und 90 Prozent verlassen die Public Firmen innerhalb von drei bis fünf Jahren wieder und gehen in die freie Wirtschaft. Das durchschnittliche Einstiegsgehalt liegt in den USA bei 46.188 Dollar.[209] Management Accountants starten ihre Laufbahn oft als Cost Accountants, Junior Internal Auditors oder als Trainees für Buchhalterpositionen. Im Laufe ihrer Karriere steigen sie zum Accounting Manager, Chief Cost Accountant, Budget Director oder Manager of Internal Auditing auf. Einige Management Accountants werden zum CFO oder Financial Vice President befördert. Die Gehaltsstudie von Robert Half International ergab[210], dass Accountants mit ein bis drei Jahren Berufserfahrung zwischen 36.000 und 60.000 Dollar verdienen. Für den Zeitraum von 2006 bis 2016 wird in den USA ein Wachstum von 18 Prozent für die Arbeitsplätze in der Accounting Branche vorhergesagt. Der Boom wurde ausgelöst durch das neue Rollenverständnis der Accountants und die strengeren Rechnungslegungsbestimmungen in den USA.

---

[208] Vgl. zu den folgenden Ausführungen BRONSERT, A.: (Schatzmeister), S. 56.
[209] Vgl. zu diesen Ausführungen o.V.: (Creating Value, Not Just Measuring It), S. 9.
[210] Vgl. zu den folgenden Ausführungen BUREAU OF LABOR STATISTICS: (Occupational Handbook).

5 Kritische Betrachtung der Controllingausbildung

Dieses Kapitel gibt einen Überblick über die Auffassungen der Controllingausbildung in Deutschland und den USA und nimmt dazu kritisch Stellung. Anhand von Veröffentlichungen und Forschungsergebnissen werden die Auffassungen von Wissenschaftlern, Praktikern und Universitätsdozenten in Bezug auf die Hochschullehre dargestellt. Da in Deutschland und in den USA die Controllerausbildung mehrheitlich an den Universitäten erfolgt, konzentriert sich die Darstellung und kritische Betrachtung auf die Hochschullehre.

Das Berufsfeld der Controller ist einer sich schnell wandelnden Welt ausgesetzt. Während einer optimalen Ausbildung zum Controller oder Management Accountant sollten die Kenntnisse und Fähigkeiten vermittelt werden, die in der Berufswelt gefordert sind. Eine Ausbildung, die den aktuellen Anforderungen der Arbeitswelt entspricht, ist notwendig, um sich später im Beruf sowie auf dem Arbeitsmarkt behaupten zu können. Eine berufsfeldbezogene Ausbildung würde zum einen den Controllingstudenten und zum anderen den Unternehmen zugute kommen, da Studenten so bestmöglich auf ihren späteren Beruf als Controller vorbereitet werden und den Unternehmen lange Einarbeitungszeiten und Schulungen der Berufseinstiegscontroller erspart bleiben. Vorteilhaft wäre es, wenn Bildungsinstitutionen ihr Curriculum bzw. die Ausbildung an das sich ständig ändernde Anforderungsprofil des Controllers anpassen würden. Nach Schilderung der Auffassungen des jeweiligen Landes, erfolgt eine persönliche und kritische Betrachtung zum Stand der Controllingausbildung.

5.1 Auffassungen zur Controllingausbildung in Deutschland

BRAMSEMANN widmete sich 1990 der Frage, ob und in welchem Umfang deutsche Hochschulen eine berufsfeldbezogene Controllerausbildung erfüllen.[211] Er bezieht sich bei seinen Ausführungen auf das Hochschulrahmengesetz (HRG). Dieses schreibt in §2, Abschnitt 1, Satz 1, Hochschulen „bereiten auf berufliche Tätigkeiten vor, die die Anwendung wissenschaftlicher Erkenntnisse und wissenschaftlicher Methoden [...] erfordern"[212]. Um seine Frage zu beantworten, verwendet BRAMSEMANN als Grundlage das Anforderungsprofil des Controllers nach dem Berufsbild des Controllers VON LANDSBERG und MAYER[213] und geht anschließend auf

---

[211] Vgl. zu den folgenden Ausführungen BRAMSEMANN, R.: (Berufsfeldbezogene Controller-Ausbildung), S. 287ff.
[212] BUNDESMINISTERIUM DER JUSTIZ: (HRG).
[213] Vgl. VON LANDSBERG, G./MAYER, E.: (Berufsbild des Controllers).

den damaligen Stand der Controllerausbildung an deutschen Hochschulen ein. Er schreibt, dass das Lehrgebiet Controlling erst 1990 zögernd Eingang in den Kanon der Lehrveranstaltungen deutscher Hochschulen fand, obwohl bereits eine hohe Nachfrage der Wirtschaft nach qualifiziert ausgebildeten Controllern bestand. Als Gründe dafür nennt der Autor System- und Verhaltenswiderstände von Seiten der Hochschulen. Nach seiner Meinung liegt es in der Autonomie der Hochschulen, inwieweit sie bereit sind, sich einer berufsfeldorientierten Ausbildung zu öffnen. Berufsfeldorientierung bedeutet nach Auffassung von BRAMSEMANN nicht, „dass jeweils die aktuellen Wünsche und Erwartungen spezieller beruflicher Einsatzgebiete unverzüglich in die Lehre umzusetzen sind: Das Ausbildungspaket kann nur Berufsfähigkeit und nicht Berufsfertigkeit[214] lauten"[215]. In einem nächsten Schritt werden vom Autor konkrete Hinweise für ein Curriculum gegeben, das eine berufsfeldorientierte Controllerausbildung zulässt. Zudem werden zwei Ausbildungskonzepte genannt. Das Fazit des Autors lautet, die Hochschulen haben in der beruflichen Weiterbildung die ihnen zukommenden Chancen bisher nicht genutzt.

Für BARBARA WEIßENBERGER besteht die Aufgabe der Hochschullehre darin, „zum einen, den Studenten die wissenschaftliche Auseinandersetzung mit Fragen der Controllingtheorie nahe zu bringen, zum anderen, sie auf die praktische Umsetzung dieses Wissens in Unternehmen vorzubereiten"[216]. Sie betont zudem, dass die betriebswirtschaftliche Lehre Forschungsrichtungen reflektieren sollte, die sich weitgehend etabliert haben. Als Beispiele aus dem Bereich der Controllingtheorie werden der neoklassisch/systemorientierte und der neo-institutionale Forschungszweig genannt. WEIßENBERGER fordert, den Studenten einen unmittelbar praxisorientierten Einblick in Führungs- und Entscheidungsprozesse zu geben und Informationsstrukturen zu identifizieren. Die Autorin schlägt ein ausgestaltetes Lehrprogramm vor und betont, dass aufgrund der Internationalisierung der Rechnungslegung US-GAAP und IFRS Einzug in die Lehrpläne halten sollten.[217]

Einen kritischen Standpunkt gegenüber der Controllerausbildung an deutschen Hochschulen vertritt DR. MARTIN WALTER, der Zentralbereichs-

---

[214] Auf die genaue Unterscheidung zwischen Berufsfähigkeit und -fertigkeit geht BRAMSEMAN in seiner Schrift nicht ein. Dieser wichtige Gedanke wird aber in der persönlichen und kritischen Betrachtung der Auffassungen zur Controllingausbildung aufgegriffen.
[215] BRAMSEMANN, R.: (Berufsfeldbezogene Controller-Ausbildung), S. 294.
[216] WEIßENBERGER, B.: (Controlling – Forschung und Lehre), S. 403.
[217] Vgl. zu diesem Absatz WEIßENBERGER, B.: (Controlling – Forschung und Lehre), S. 403f.

leiter Konzerncontrolling der Deutschen Telekom AG.[218] Aus seiner Sicht kann die Universität nicht als Ratgeber der betriebswirtschaftlichen Praxis angesehen werden. Vielmehr wird der controlling-spezifische Beratungsbedarf der Unternehmen durch Unternehmensberatungen befriedigt. Der Autor kritisiert, dass bei der Verleihung einer Professur keinerlei Praxiserfahrung oder ein Erfolgsnachweis in Form einer Karriereentwicklung vorliegen muss. Dass jemand Universitätsprofessor werden kann, ohne jemals in der Unternehmenspraxis gearbeitet zu haben, führt nach Meinung von WALTER dazu, dass keine praxisrelevanten Themen an Universitäten besprochen werden. Ihn stört ferner, dass die Forschung für Professoren einen größeren Stellenwert als die Universitätslehre darstellt, weil die Karriere eines Professors auf Publikationen basiert. Diese Sichtweise müsse sich ändern, da nach Auffassung der Praktiker die Lehre eine höhere Bedeutung hat. Die Lehre stellt den Ausgangspunkt für die Qualifikation des Führungsnachwuchses dar. Die Grundprinzipien einer ‚guten Lehre' sollten sein:

- weniger Detailwissen und Spezial-Know-how,
- mehr ganzheitliche, zahlenbasierte CASE-Studies,
- ausgewogenes Verhältnis von Theorie und Empirie und
- persönlicher und unternehmerischer Erfolg auf der Basis individueller Verantwortung als zu vermittelndes Leitbild.[219]

Von WALTER wird somit nachdrücklich eine stärkere Verbindung von Theorie und Praxis im Lehrplan gefordert. Als Beispiel nennt er die Einbeziehung von Praktikern in den Lehrbetrieb und betont zugleich, dass es Aufgabe der Controlling-Lehrstühle sei, Änderungsprozesse aktiv voranzutreiben. BECKER und MESSNER[220] schließen sich in ihrem Beitrag der Meinung von WALTER an und gehen noch einen Schritt weiter. Nach ihnen sollten nicht nur die Techniken und Methoden des Controllings unterrichtet werden, sondern auch, wie in der Controllingpraxis, ethische Entscheidungen eine Rolle spielen können. Dazu muss Controlling als eine gesellschaftliche und institutionelle Tätigkeit im Unterricht behandelt werden, damit Studenten lernen, welchen Einfluss der Aufgabenbereich des Controllers hat und welche denkbaren Auswirkungen Entscheidungen haben können.

---

[218] Vgl. zu den folgenden Ausführungen WALTER, M.: (Anforderungen an Forschung und Lehre), S. 413f.
[219] Zitiert nach WALTER, M.: (Anforderungen an Forschung und Lehre), S. 414.
[220] Vgl. zu den folgenden Ausführungen BECKER, A./MESSNER, M.: (After the Scandals), S. 424.

Im Jahr 2002 wurden von RIESENHUBER ET AL. über 600 Controlling-Studenten zu ihren Erwartungen an den Beruf des Controllers befragt. Die Resultate der Untersuchung sollten helfen, „die Ausbildung im Bereich Controlling an den Bedarf der Unternehmen anzupassen und gleichzeitig eine Abschreckung oder Enttäuschung junger Mitarbeiter durch falsche Erwartungen an den Beruf zu vermeiden"[221]. Das Ziel dieser Studie bestand folglich darin, die studentische Sichtweise der praktischen Controller-Tätigkeit zu ermitteln. In Bezug auf die Rollenbilder stellt der Interne Berater (81%) aus studentischer Sicht das dominante Rollenbild dar. An zweiter und dritter Stelle stehen der Kontrolleur (59%) und der Steuermann (54%). Des Weiteren wurden die Studenten um eine Selbsteinschätzung ihrer Methodenkompetenz gebeten. Dazu wurden ihnen 25 Controlling-Instrumente zur Auswahl gegeben. Von diesen konnten die Studenten durchschnittlich sieben bis acht anwenden. In Bezug auf die Zahl der Methoden gab es beträchtliche Unterschiede zwischen den jeweiligen Studenten und deren Hochschulen. Der Anteil der anwendbaren Instrumente lag zwischen 22% und 64%. Bei der Selbsteinschätzung fühlten sich nur etwa 30% der befragten Studenten gut auf einen Berufseinstieg in das Controlling vorbereitet. Als häufigste Antwort auf die Frage nach Ausbildungsdefiziten wurde der fehlende Praxisbezug der Lehre genannt.[222]

Auch HIRSCH leistete einen Beitrag zur Controllingausbildung, indem er erstmalig die Lehre an deutschsprachigen Hochschulen im Fach Controlling systematisch analysierte. Er wollte „die fachlichen Anforderungen mit den Inhalten, die an deutschsprachigen Universitäten im Fach Controlling vermittelt werden"[223], abgleichen. HIRSCH verweist darauf, dass das Verständnis, das Hochschullehrer von ihrem Fach haben, an ihre Studenten weitergegeben wird.[224] Controlling-Universitätsprofessoren wurden zu dem Verständnis, das sie in ihren Lehrveranstaltungen zugrunde legen, befragt. Die Ergebnisse der Befragung werden im Folgenden vorgestellt: Es konnte kein einheitliches Bild ermittelt werden, und die Breite der Antworten nach dem Verständnis des Faches Controlling macht deutlich, dass Controlling im akademischen Kontext genauso heterogen wie im wissenschaftlichen Diskurs (vgl. Kapitel 2.2) verstanden wird. Bei der

---

[221] RIESENHUBER et al.: (Nachwuchs denkt?), S. 154.
[222] Vgl. zu diesem Absatz ebenda, S. 154ff.
[223] HIRSCH, B.: (Controllingausbildung an Universitäten), S. 78.
[224] Dies führt dazu, dass der Inhalt der Controllinglehre von Hochschule zu Hochschule unterschiedlich sein kann. Universitätsprofessoren sind an keine Vorgaben gebunden und sind in ihrem Lehren und Forschen frei. Diese so genannte ‚Freiheit der Lehre' ist im §4, Satz 3 des HRG verankert.

Erhebung nach inhaltlichen Schwerpunkten in der akademischen Lehre konnten ebenfalls keine einheitlichen Aussagen ermittelt werden. Die höchste Bedeutung wurde der Vermittlung von Controlling-Instrumenten zugesprochen. Abschließend wurden die Professoren danach befragt, was ihre Absolventen, die in die Controllingpraxis gehen, unbedingt können sollten. 27% der Professoren möchten ihren Studenten die Fähigkeit zur Anwendung von Techniken und Methodenwissen vermitteln. Mit jeweils 15% wurden die Beherrschung des soliden Controlling-Handwerkes und die Anwendung der Instrumente genannt. Der Vermittlung sozialer Kompetenzen wurde mit nur 4% eine geringfügige Bedeutung zugesprochen[225]. Da soziale Kompetenzen von der Praxis zunehmend gewünscht werden, ist dieses Ergebnis sehr kritisch zu betrachten. Die ICV-Studie *Controlling 2006* zeigte, dass heutzutage im Controllerberuf soziale Kompetenzen den gleichen Stellenwert wie Faktenwissen haben.[226]

Im HRG steht,

„Lehre und Studium sollen den Studenten auf ein berufliches Tätigkeitsfeld vorbereiten und ihm die dafür erforderlichen fachlichen Kenntnisse, Fähigkeiten und Methoden dem jeweiligen Studiengang entsprechend so vermitteln, dass er zu wissenschaftlicher oder künstlerischer Arbeit und zu verantwortlichem Handeln in einem freiheitlichen, demokratischen und sozialen Rechtsstaat befähigt wird"[227].

Demnach sollen in Bezug auf die Controllingausbildung in Deutschland Studenten die fachlichen Kenntnisse, Fähigkeiten und Methoden des Berufsfeldes „Controlling" vermittelt werden. Diese berufsfeldorientierte Ausbildung gelingt nach der Auffassung von BRAMSEMANN, indem die Controllinglehre Berufsfähigkeiten und nicht Berufsfertigkeiten vermittelt. Unter Berufsfähigkeit wird in dieser Arbeit die Vermittlung inhaltlicher und methodischer Kenntnisse, sowie sozialer Kompetenzen verstanden. Das Studium soll auf das Leben vorbereiten und der Persönlichkeitsentwicklung dienen. Studenten sollten die Fähigkeit zur eigenständigen Weiterbildung und zu lebenslangem Lernen entwickeln. Diese Berufsfähigkeit wird im genannten §7 des HRG ausgedrückt. Berufsfertigkeit hingegen impliziert, dass bestimmte Fertigkeiten vermittelt werden, die universell in der betrieblichen Praxis anwendbar sind. Das Universitätsstudium kann allerdings nur begrenzt auf den konkreten Beruf des Controllers hin aus-

---

[225] Vgl. zu diesen Ausführungen HIRSCH, B.: (Lehre im Fach Controlling), S. 249ff.
[226] Vgl. WEBER et al.: (Controlling 2006), S. 56.
[227] BUNDESMINISTERIUM DER JUSTIZ: (HRG), §7, Abschnitt 2.

bilden, da sich das Anforderungsprofil des Controllers fortwährend ändert. Zudem unterscheiden sich die Märkte, Branchen und Unternehmen in sich so stark, dass der zukünftige Controller nicht für alle Bereiche ausgebildet werden kann. Spezifische Berufsfertigkeiten können somit im betriebswirtschaftlichen Studium mit dem Schwerpunkt Controlling nicht vermittelt werden, aber allgemeine Berufsfähigkeiten können und sollten vermittelt werden.

Zusammenfassend lässt sich sagen, dass die Auffassungen, die in der Literatur zur Controllinglehre an Hochschulen vertreten werden, Impulse in Richtung einer berufsfeldorientierten Ausbildung geben. Zu nennen wäre beispielsweise das Einbeziehen von IFRS in das Curriculum der Controllinglehre und die Vorschläge von WALTER. Es liegt in den Händen der Universitätsprofessoren, wie und welche Inhalte, Kenntnisse und Fähigkeiten sie in ihren Vorlesungen den Studenten vermitteln. Controlling-Professoren sollten dem Rat von Praktikern folgen, Theorie und Praxis in den Vorlesungen zu verbinden, da sich 70% der befragten Controlling-Studenten, bedingt durch den mangelnden Praxisbezug in der Lehre, schlecht auf die Berufswelt vorbereitet fühlen.[228] Diese Unzufriedenheit sollte die Controlling-Professoren zum Umdenken ihrer Lehrtätigkeit anregen. Eine Kooperation von Controlling-Praktikern und -Professoren könnte die Controllingausbildung der Studenten in Deutschland verbessern. Die Einführung von Zertifikaten zur Behebung der aufgezeigten Schwächen in der Controllerausbildung ist zu erwägen, um eine berufsfeldorientierte Ausbildung zu fördern und Berufsfertigkeiten zu vermitteln. Allerdings steht diesem Schritt in Deutschland noch die fehlende Existenz von berufsständigen Vereinigungen für den Beruf der Controller, die eine der Steuerberater und Wirtschaftsprüfer vergleichbare Struktur aufweisen, entgegen.[229]

---

[228] Dass sich 70% der Controlling-Studenten schlecht auf die Berufswelt vorbereitet fühlen, wird aus der zuvor genannten Studie von RIESENHUBER et al.: (Nachwuchs denkt?), S. 157 geschlossen, da sich nur 30% der befragten Studenten gut auf die Berufswelt vorbereitet fühlen.
[229] Vgl. BINDER, C.: (Entwicklung des Controllings als Teildisziplin der BWL),S. 223; Vgl. hierzu auch die Einführung und das Zitat von SCHERRER.

5.2 Auffassungen zur Controllingausbildung in den USA

1994 wurden in den USA die Ergebnisse der Studie *What Corporate America Wants in Entry-Level Accountants* veröffentlicht.[230] Diese Studie wurde gefördert vom IMA und FEI „to determine the educational needs of entry-level management accountants from the point of view of corporate America"[231]. Für die Studie wurden die ranghöchsten Accounting Führungskräfte und die Personalabteilungsleiter, die Accounting Absolventen für Einstiegspositionen einstellen, befragt. Die Zielgruppe wurde gebeten, die Lehre der Universitäten für Entry-level Accountants zu evaluieren und das wichtigste Fachwissen und die Berufsfähigkeiten (Skills[232]), die von Berufseinsteigern verlangt werden, zu nennen. Die Auswertung zeigte, dass vom Standpunkt der amerikanischen Unternehmenswelt „universities are doing a less than adequate job of preparing people for entry-level work in management accounting"[233]. Dieses Ergebnis war der Auslöser für eine kontinuierliche Diskussion um die Qualität der Controllingausbildung in den USA. Berufseinsteiger entsprachen nicht den Erwartungen der Unternehmen, weil sie keine praktischen Erfahrungen nachweisen konnten, ein zu geringes Verständnis vom ‚big picture' hatten und nicht wussten, welche Anforderungen die reale Arbeitswelt stellt. Zudem hatten die Absolventen ihrer Meinung nach nicht genügend kommunikative und soziale Kompetenzen. In der Studie wurde eine Diskrepanz zwischen dem, was Arbeitgeber fordern und dem, was Absolventen an Fachwissen und Berufsfähigkeiten vorweisen, aufgezeigt. Zur Problemlösung wurden in der Studie die Accounting Knowledge and Skills Areas (AKSAs) aus unternehmerischer Sichtweise ermittelt. Eine der Empfehlungen lautete, die Beziehung zwischen der amerikanischen Unternehmenswelt und der Accounting Lehre zu stärken, um ein neues Management Accounting Curriculum zu entwickeln, das den Anforderungen der Arbeitswelt entspricht. Da in dieser Studie nur die groben AKSAs ermittelt werden konnten, wurden weitere Studien vorgeschlagen, um das genaue Tätigkeitsfeld und Anforderungsprofil von Management Accoun-

---

[230] Vgl. zu den folgenden Ausführungen SIEGEL, G./SORENSEN, J.: (What America wants in Accountants), S. 26ff.
[231] Ebenda, S. 26.
[232] Die englische Vokabel „skills" wird in der deutschen Sprache mit zu Berufsfähigkeiten und Berufsfertigkeiten übersetzt. Aufgrund dieser Übersetzungsproblematik, wird in diesem Abschnitt auf eine differenzierte Diskussion zwischen Berufsfähigkeiten und -fertigkeiten verzichtet.
[233] SIEGEL, G./SORENSEN, J.: (What America wants in Accountants), S. 27.

tants zu ermitteln. Die bereits erwähnten Studien *The Practice Analysis of Management Accountants*[234] aus dem Jahr 1996 und *Counting More, Counting Less*[235] aus dem Jahr 1999 wurden dem gerecht. Die Sichtweise der Amerikaner in Bezug auf die Controllinglehre ist sehr praxisorientiert. Auch BÖER vertritt diese Meinung.[236] Er ist Dozent für Management Accounting und schreibt, dass Universitäten zu modifizieren haben, wie und was den Studenten vermittelt wird, da sich die Welt der Management Accountants laufend ändert. Wenn Dozenten ihre Lehrveranstaltungen für zukünftige Accounting Manager relevant gestalten wollen, dann sollten die Vorlesungen strategische Sachverhalte beinhalten, denen Manager begegnen, anstatt Lehrinhalte zu vermitteln, die Accounting Dozenten interessant finden.

Nach der gewonnenen Erkenntnis, dass das Accounting Curriculum erneuerungsbedürftig ist, zielte die Studie *Accounting Education: Charting the Course Through a Perilous Future* darauf hin, gegenwärtige und zukünftige Probleme in Bezug auf die Controllinglehre zu untersuchen. Das IMA, die American Accounting Association (AAA), die AICPA und fünf große Firmen der Wirtschaft förderten und finanzierten diese Studie. In der dazugehörigen Veröffentlichung[237] der Studie betonen RUSSELL ET AL., dass die vorher gewonnenen Erkenntnisse aus Studien von Seiten der Universitäten unbeachtet blieben. Die Controllinglehre wurde wie in den letzten 20-30 Jahren fortgesetzt, obwohl Veränderungen in der Geschäftwelt, ausgelöst durch den technologischen Fortschritt und der Globalisierung, die Controllinglehre längst überholt hatten. Somit wurde die Diskrepanz zwischen dem, was die Arbeitswelt von der Controllinglehre verlangt und dem, was sie bekommt, noch größer. Die Controllinglehre wird mit ernsthaften Problemen, wie einer abnehmenden Zahl von zukünftigen Studenten und Meinungsverschiedenheiten von Controllingpraktikern und -lehrpersonen in Bezug auf zukünftige Berufsaufgaben, konfrontiert.

---

[234] Vgl. SIEGEL, G./KULESZA, C.: (Practice Analysis), S. 20-29.
[235] Vgl. RUSSEL, K./SIEGEL, G./KULESZA, C.: (Counting More, Counting Less), S. 39-46.
[236] Vgl. zu den folgenden Ausführungen BÖER,G.: (MA Education: Yesterday, Today, and Tomorrow), S. 332.
[237] Vgl. zu den folgenden Ausführungen RUSSELL et al.: (Accounting Education), S. 4ff.

Die Studie offenbarte sechs Problemfelder in der Controllinglehre:
1. **Course content and curricula.** Das Accounting Curriculum ist zu begrenzt, überaltert oder belanglos. In vielen Fällen setzt sich das Curriculum aus den Interessen der Fakultät und nicht aus denen der Wirtschaft zusammen. Studenten werden nicht in der richtigen Art und Weise mit der Globalisierung, den neuen Technologien und mit den Grundlagen ethischen Denkens und Handelns vertraut gemacht.
2. **Pedagogy.** Das auf Regeln basierende Auswendiglernen für Prüfungen ist ineffizient. Es bereitet Studenten nicht auf die ungewisse Welt, die sie nach ihrem Abschluss erwartet, vor.
3. **Skill development.** Das derzeitige Ausbildungsmodell konzentriert sich zu sehr auf die Vermittlung von Inhalten auf Kosten der Berufsfähigkeiten (skills), die Studenten in der Arbeitswelt brauchen, um erfolgreiche Fachleute zu werden.
4. **Technology.** Accounting wird noch immer so unterrichtet, als ob Daten zu teuer wären. Aber heutzutage sind Daten und Informationen aufgrund des technologischen Fortschrittes günstig geworden. Studenten werden zu wenig über den Einflussfaktor Technologie und dessen Auswirkungen unterrichtet.
5. **Faculty development and reward systems.** Die Accounting Fakultäten sind von ebenbürtigen Business Schulen und von Geschäftsfachleuten zu sehr isoliert. Die Accounting Fakultäten werden realitätsfremd gegenüber marktwirtschaftlichen und wettbewerbsbedingten Erwartungen.
6. **Strategic direction.** Der Wandel in allen curricularen Accounting Programmen war weder substanziell noch durchdringend genug.[238]

RUSSELL ET AL. sind der Ansicht, dass die Controllinglehre diese erheblichen Probleme nicht länger abstreiten darf. Wichtig ist, dass Studenten eine qualitativ hochwertige Ausbildung für ihre Karriere in der schnelllebigen Berufswelt erhalten. Die Autoren nennen konstruktive Schritte, die curriculare Accounting Programme und Fakultäten beschreiben müssen, um die Controllingausbildung zu verbessern. Es liegt in der Controllingausbildung, sich zu wandeln. „Accounting education must seize the moment to make needed changes, add value, increase relevance, and open new opportunities for students, accounting education, and the ac-

---

[238] Übersetzt aus dem Englischen nach RUSSELL et al.: (Accounting Education), S. 9.

counting profession"[239]. Als Reaktion auf diese Studie wird in der Winterausgabe 2001 des *Management Accounting Quarterly* Magazines das Accounting Curriculum der Northern Illinois University im Detail vorgestellt. Es wurde als das curriculare Accounting Programm betitelt, das Corporate America braucht.[240]

MAHER unterstützt die vorherigen Studienergebnisse zur Controllerausbildung. Er ist der Meinung, dass Management Accounting Dozenten die Geschäftswelt kontinuierlich im Auge behalten sollen. Die höchste bildungserzieherische Priorität liegt darin, Studenten zu helfen, lebenslange Problemlösekompetenzen zu erlernen und sie zu befähigen, den organisatorischen und gesellschaftlichen Kontext zu verstehen, in dem Entscheidungen getroffen werden. Studenten, die so ausgebildet werden, können Mehrwert für die Firmen und Gesellschaft erwirtschaften.[241]

Die Amerikanische Controlling-Community veröffentlichte viele Artikel, die sich mit dem Accounting Curriculum auseinandersetzen. Einige bemerkenswerte sollen im Folgenden mit ihren Schwerpunkten vorgestellt werden, um die Aktualität der Diskussion zu betonen. RUSSEL und SMITH geben in ihrem Artikel[242] der Controllinglehre indirekt eine Mitschuld an den Unternehmensskandalen, wie beispielsweise von Enron und Worldcom. Die Integrität des Accounting Berufes werde mit diesen Skandalen in Frage gestellt. Wenn Universitäten in der Controllinglehre ein bedeutender Ausbilder bleiben wollen, dann müssen sie eine Mitschuld an den Corporate Malfeasance (Dienstvergehen) tragen. Der Artikel bietet zudem einen Überblick über bisher durchgeführte Studien zur Controllinglehre von den verschiedenen Accounting Vereinigungen in den USA. Ein anderer erwähnenswerter Artikel ist der von TATIKONDA[243] aus dem Jahr 2004. Die Autorin fordert, das Accounting Curriculum zu ändern, um Studenten auf die CMA Prüfung und nicht nur auf die CPA Prüfung vorzubereiten. Es wird in dem Artikel auf den aktuellen Stand der Controllinglehre, auf die historischen Perspektiven der Controllinglehre und das geänderte Rollenverständnis vom Bean Counter zum Business Consultant eingegangen. Zudem werden die genauen Unterschiede zwischen dem CMA- und CPA-Zertifikat erläutert.

---

[239] RUSSELL/KULESZA/ALBRECHT/SACK: (Accounting Education), S. 11.
[240] Vgl. hierzu CUMMINGS, B./BENNET, B./NORMAND, C.: (Accounting Program), S. 4ff.
[241] Vgl. zu diesen Ausführungen MAHER, M.: (MA Education at the Millenium), S. 344.
[242] Vgl. hierzu RUSSEL, K./SMITH, C.: (time for a new curriculum), S. 46ff.
[243] Vgl. hierzu TATIKONDA, L.: (Naked Truths about Accounting Curricula), S. 62ff.

In 2008 wurden die Ergebnisse der zuletzt durchgeführten Studie[244] in Bezug auf die Management Accounting Education veröffentlicht. Hierbei wurden IMA und AICPA Mitglieder nach den Skills und Abilities befragt, die Accounting Praktiker als die wichtigsten Berufsfertigkeiten erachten. Die Studienergebnisse zeigten, dass das derzeitige Accounting Curriculum wieder revidiert werden muss. ‚Ethics and Fraud' belegte den ersten Platz im Ranking der Skills und Abilities. Dieses Ergebnis ist auf die Nachwehen der Unternehmensskandale und der Corporate Governance Gesetze zurückzuführen. Ethik, der Gebrauch von Accounting Software, fachliche und auch strategische und organisatorische Kenntnissen und Fertigkeiten sollten in das Accounting Curriculum aufgenommen werden.

Beim Betrachten der Auffassungen zur Controllinglehre fällt auf, dass die US-amerikanische Controlling-Community bezogen auf die Controllingausbildung eine aktive Diskussion führt. In der angloamerikanischen Literatur gibt es spezielle Fachzeitschriften, wie zum Beispiel das *Journal of Accounting Education, Accounting Education* und *Issues in Accounting Education*, die ausführliche Berichte über Formen und Inhalte der Controllingausbildung beinhalten.[245] Berufsorganisationen, wie das IMA, AICIPA und die AAA, unterstützen die groß angelegten Studien zur Verbesserung der Controllingausbildung. Es werden Unternehmen und Controlling-Praktiker befragt, ob der Controllingnachwuchs bedarfsgerecht ausgebildet wird. Aus den genannten Studien ergibt sich wiederkehrend die Aufforderung, controllingspezifische Kenntnisse und Fähigkeiten zu vermitteln, die aus der Berufswelt gefordert werden. Dies entspricht einer Ausbildung, die den aktuellen Anforderungen der Arbeitswelt gerecht wird. Aber die Studien zeigten auch, dass es den Universitäten nicht immer gelingt, ihr Curriculum bzw. die Ausbildung an das sich ständig ändernde Anforderungsprofil des Controllers anzupassen. Lobenswert ist, dass in den Artikeln Vorschläge zur Verbesserung genannt werden, bzw. sogar der curriculare Lehrplan der Northern Illinois University im Detail vorgestellt wird. Die USA haben ihre Fehler in der Controllingausbildung erkannt und möchten die Ausbildung verbessern. Die rückläufigen Zahlen der eingeschriebenen Accounting Studenten haben DUTTA und LAWSON dazu veranlasst, den Artikel *Boosting Management Accounting's Stature on Campus* zu veröffentlichen.[246] Sie nennen vorausschauende Maßnah-

---

[244] Vgl. zu den folgenden Ausführungen AHADIAT, N.: (Practice-Based Topics for MA Education), S. 42ff.
[245] Vgl. REIMER, M./ORTH, M.: (Controllingausbildung an deutschen Unis), S. 187.
[246] Vgl zu den folgenden Ausführungen DUTTA, S./LAWSON, R.: (Boosting MA's Stature), S. 43ff.

men, die Studenten dazu bewegen sollen, Management Accountants zu werden. Die Maßnahmen sind an Management Accounting-Praktiker gerichtet. Zum einen sollen Praktiker bei Jobmessen auf dem Campus präsent sein und ihre Karrierepfade vorstellen oder als Gastlektoren in Veranstaltungen Vorträge halten. Zum anderen sollen die Fachleute bei ihren Besuchen mit den Fakultätsdozenten über das wechselnde Anforderungsprofil von Management Accountants kommunizieren, um die Lücke zwischen dem, was die Arbeitswelt von der Controllinglehre verlangt und dem, was sie bekommt, zu verkleinern. Zudem wird Praktikern geraten, dem State Board of Accountancy beizutreten, um curriculare Richtlinien in Bezug auf die Controllingausbildung zu beeinflussen. „By taking these steps […], management accounting professionals can greatly aid the rebalancing of the accounting profession"[247].

Es bleibt festzuhalten, dass durch die Ausrichtung des Accounting Curriculums an das CPA- und CMA-Zertifikat eine berufsfeldorientierte Ausbildung von Management Accountants gefördert wird, da die Inhalte der Zertifikate sich an der Meinung der praktizierenden Fachleute orientieren. Die Controllingausbildung der USA, bestehend aus Studium und dem freiwilligen Erwerb eines Zertifikates, ist aufgrund ihrer praxisorientierten Ausrichtung für Controlling-Studenten und Unternehmen vorteilhaft. Die aktive Auseinandersetzung mit dem Thema der Management Accounting Ausbildung ist vorbildlich. In der US-amerikanischen Zeitschrift *Strategic Finance* in der Academic Corner wird von LARSON und BRADY aktuell darüber informiert, dass IFRS in das Accounting Curriculum der Universitäten aufgenommen werden soll. Die Autoren empfehlen, wie IFRS in das Accounting Curriculum eingebunden werden kann und listen internetbasierte Unterrichtsmaterialien auf.[248] Ingesamt ist in allen genannten Artikeln ein Aufruf zu einem Curriculum, das an die Bedürfnisse der unternehmerischen Praxis angepasst ist, zu erkennen. Die USA befindet sich auf einem guten Weg, die Controllingausbildung zu verbessern.

---

[247] DUTTA, S./LAWSON, R.: (Boosting MA's Stature), S. 47.
[248] Vgl. LARSON, R./BRADY, T.: (Incorporating IFRS), S. 23.

6 Zusammenfassung und Schlussfolgerung

Das Ziel der vorliegenden Arbeit bestand in der Darstellung des Berufsfeldes „Controlling" in Deutschland und den USA anhand von nationalen Studien und Auffassungen in der Literatur. Dazu wurden in **Kapitel 2** die Begriffe „Berufsfeld", „Controlling" und „Management Accounting" definiert. Dabei zeigte sich, dass der Beruf des Controllers dem Berufsfeld Finanz-, Rechnungswesen, Buchhaltung zugeordnet ist. Die Begriffe „Controlling" und „Management Accounting" werden in Deutschland und den USA heterogen definiert. Im angloamerikanischen Sprachraum existiert eine große Begriffsvielfalt hinsichtlich der Berufsbezeichnung der Management Accountants. Zudem wurden die Unterschiede zwischen dem deutschen und US-amerikanischen Rechnungswesen diskutiert und es wurde aufgezeigt, dass die jeweilige Rechnungslegung auf verschiedenen Ansätzen und Prinzipien beruht.

Kapitel 3 erläuterte die Einflussfaktoren und deren Auswirkungen auf das Berufsfeld „Controlling". Es wurde zwischen konvergierenden und divergierenden Einflussfaktoren unterschieden. Die Globalisierung, der technologische Fortschritt und die internationale Harmonisierung der Rechnungslegung stellen die bedeutsamsten Einflussfaktoren dar und führten zu einem Wandel im Berufsbild der Controller. Die Auswirkungen der Einflussfaktoren finden sich im Anforderungsprofil der Controller in Form von erweiterten Berufsaufgaben und vermehrten persönlichen und fachlichen Anforderungen wieder.

Das Berufsfeld der deutschen und US-amerikanischen Controller wurde in **Kapitel 4** dargestellt. Es konnte eine homogene Entwicklung der Controllerrollen konstatiert werden. Die Darbietung des gegenwärtigen Anforderungsprofils zeigte, dass die Berufsaufgaben der US-amerikanischen Controller zwar vielfältiger gegenüber den Aufgaben der deutschen Controller, aber im Kern dennoch gleich sind. Die Kenntnisse und Fähigkeiten, die von deutschen und US-amerikanischen Controllern verlangt werden, sind identisch. Dabei gewinnen soziale Kompetenzen gegenüber fachlichen Kenntnissen und Fähigkeiten immer mehr an Bedeutung. Der vorherrschende Ausbildungsweg zum Controller in Deutschland und den USA ist ein betriebswirtschaftliches Studium. In Deutschland gibt es diverse Alternativen, um den Beruf des Controllers zu erlernen, während in den USA nach dem erworbenen Accounting Abschluss die Möglichkeit besteht, Zertifikate von berufsständigen Vereinigungen, wie zum Beispiel von dem AICPA und dem IMA, zu erlangen. Trotz der globalen Finanzkrise sind die Berufsaussichten für Controller und Management Accountants sehr gut. Die Karrierepfade ähneln sich und die Gehälter sind in etwa gleich. Zusammenfassend betrachtet wird deutlich, dass das Berufsfeld „Controlling" in Deutschland und den USA im Kern gleich und von kaufmännischer Natur ist. Die für den Beruf des Controllers notwendige betriebswirtschaftliche Methodenkompetenz wird im universitären Studium erworben. Dennoch ist der Berufsstatus des deutschen und US-amerikanischen Controllers andersartig. In Deutschland stellt der Beruf des Controllers einen Erwerbsberuf bzw. einen akademischer Beruf dar. Hingegen ist der Management Accountant in den USA ein Beruf, der durch eine unabhängige berufsständige Vereinigung bzw. einem authoritative body vertreten wird. Das IMA und andere berufsständige Vereinigungen treten durch ihre Forschungsarbeit und das Anbieten von Berufszertifizierungen für die Interessen des Berufsstandes Controlling ein und fördern so die Controllerausbildung.

Kapitel 5 widmete sich einer kritischen Betrachtung der Controllerausbildung in Deutschland und den USA. Hierzu wurden die Auffassungen der Amerikaner und der Deutschen verglichen. Es zeigte sich, dass die USA Deutschland in Bezug auf die Anzahl der Veröffentlichungen zur Controllerausbildung überlegen sind. Das gleiche gilt für die Forschung. In Deutschland liegen bisher nur vereinzelt empirische Erhebungen über die Controllerausbildung vor.[249] Hier besteht Handlungsbedarf, da sich andere Länder bereits in dem Bereich der Management Accounting Education mit Veröffentlichungen in internationalen Fachzeitschriften positioniert haben.[250] Die Ergebnisse der internationalen Studien zur Controllerausbildung lassen sich nur bedingt in den deutschen Ausbildungskontext übertragen. Deshalb erscheint es angebracht, die deutsche Controllerausbildung systematisch zu erforschen, um Handlungsempfehlungen für eine verbesserte Controllerausbildung ableiten zu können. Die Forschung sollte an der Unternehmenspraxis ansetzen, um die in der Praxis vorherrschenden Controllingverständnisse mit dem Theoriewissen der akademischen Forschung abzugleichen. Die gewonnenen Berufsfelderkenntnisse sollten dann in der Universitätslehre umgesetzt werden. Anstatt Studierende zu ihrer Zufriedenheit in Bezug auf die Vorbereitung für die Berufswelt zu befragen, sollten Berufseinsteiger (Junior-Controller) mit Uni-

---

[249] Vgl. REIMER, M./ORTH, M.: (Controllingausbildung an deutschen Unis), S. 187.
[250] Vgl. die Artikel von PISTONI, A./ZONI, L.: (undergraduate education perspective), S. 285-319; VAN DEN BRINK et al.: (Teaching MA), S. 245-259; HASALL et al.: (vocational skills), S. 379-394; INGLIS, R./DALL'ALBA, G.: (re-design of a MA course), S. 193-207; FERRERA, W.: (Topics Worthy of Discussion and Effort), S. 171-179. Es gibt noch unzählige weitere Veröffentlichungen. Die hier genannten Beiträge dienen zur Anschauung. Aufgrund des vorgegebenen Rahmens dieser Arbeit, kann auf diese Artikel nicht weiter eingegangen werden.

versitätsabschluss und einigen Jahren Berufserfahrung um eine rückblikkende Evaluation ihrer Ausbildung gebeten werden. Auf diese Art und Weise würde eine realistische Einschätzung über die Qualität der universitären Controllerausbildung erfolgen. Dieser vorgeschlagene Ablauf einer Untersuchung zeigt die Notwendigkeit über Kenntnisse des Berufsfeldes „Controlling" für die Controllingforschung auf.

Schlussfolgernd lässt sich feststellen, dass Forschungsbedarf für das Berufsfeld „Controlling" besteht, da sich das Tätigkeitsfeld der Controller kontinuierlich ändert und der Controller in Deutschland noch ein recht junger Beruf ist. Eine neue Studie, die nicht nur das deutsche und US-amerikanische Berufsfeld der Controller analysiert, sondern international ausgerichtet ist, erscheint sinnvoll, um einerseits die globale Controllingforschung zu erweitern und andererseits eventuelle Unterschiede und/oder Gemeinsamkeiten aufzuzeigen. Durch eine derartig international ausgerichtete Studie können Länder voneinander lernen und gegebenenfalls das eigene Controlling optimieren. Nationale Untersuchungen, wie die in Deutschland erstmalig durchgeführte *Controlling 2006 – Stand und Perspektiven* Studie[251] und in den USA die beiden *Practice Analysis of Management Accounting* Studien[252] von 1995 und 1999, sind notwendig, um das gegenwärtige Berufsfeld „Controlling" zu ergründen. Auf diese Weise kann das in der Praxis vorherrschende Berufsfeldverständnis des Controllings ermittelt werden und mit dem Theorieverständnis abgeglichen werden. Für die Zukunft gilt es, sowohl für Deutschland als auch für die USA, die Entwicklungen des Berufsfeldes „Controlling" weiter zu verfolgen. Nur so kann Orientierung für die Controllerausbildung gewonnen werden.

---

[251] Vgl. WEBER et al.: (Controlling 2006).
[252] Vgl. SIEGEL, G./KULESZA, C.: (Practice Analysis), S. 20-29 und RUSSEL, K./SIEGEL, G./KULESZA, C.: (Counting More, Counting Less), S. 39-46.

Literaturverzeichnis

AHADIAT, N.: (Practice-Based Topics for MA Education)
In Search of Practice-Based Topics for Management Accounting Education, in: *Management Accounting Quarterly*, Bd. 9, Heft 4, 2008, S. 42-54.

AHN, H.: (Ansehen und Verständnis des Controlling)
Ansehen und Verständnis des Controlling in der Betriebswirtschaftlehre – Grundlegende Ergebnisse einer empirischen Studie unter deutschen Hochschullehrern, in: *Controlling*, Heft 3, 1999, S. 109-114.

AHRENS, T./CHAPMAN, C.: (Role of MA in Britain and Germany)
The Role of Management Accountants in Britain and Germany, in: *Management Accounting*, Bd. 77, Heft 5, 1999, S. 42-43.

AICPA: (CPA Exam)
The CPA Exam, im Internet:
http://www.aicpa.org/Becoming+a+CPA/CPA+Candidates+and+Students/The+CPA+Exam.htm (Stand: 12.03.2009).

ANASTAS, M.: (Changing World of MA)
The Changing World of Management Accounting and Financial Accounting, in: *Management Accounting*, Bd. 79, Heft 4, 1997, S. 48-51.

ANGELKORT, H./SANDT, J./WEIẞENBERGER, B.: (Controllership/IFRS)
Veränderungen der Controllership unter IFRS – Konzeptionelle Überlegungen und empirische Ergebnisse, in: WEBER, J./VATER, H./SCHMIDT, W./REINHARD, H./ ERNST, E. (Hrsg.): *Die neue Rolle des Controllers – Aufgaben, Anforderungen, Best Practices*, Stuttgart 2008, S. 61-80.

ANTHONY, R.N./GOVINDARJAN, V.: (Management Control Systems)
Management Control Systems, 12th Edition, Boston 2006.

ATKINSON, A./KAPLAN, R./MATSUMURA, E./YOUNG, S.: (Management Accounting)
Management Accounting, 5th Edition, New Jersey 2007.

BAUER, H./STOKBURGER, G./HAMMERSCHMIDT, M.: (Marketing)
Marketing Performance: Messen, Analysieren, Optimieren, Wiesbaden 2006.

BECKER, A./MESSNER, M.: (After the Scandals)
After the Scandals: A German-Speaking Perspective on Management Accounting Research and Education, in: *European Accounting Review*, Bd. 14, Heft 2, 2005, S. 417-427.

BECKER, H.: (Controller – Berufsbild im Wandel)
Neue Anforderungen im Berufsleben: Controller – ein Berufsbild im Wandel, in: *Gablers Magazin*, Bd. 3, 1997, S. 42-43.

BHIMANI, A.: (Management Accounting)
Management Accounting – European Perspectives, Oxford 1996.

BIBB: (Liste der Ausbildungsberufe)
Liste der staatlich anerkannten Ausbildungsberufe, Stand 1.10.2008, im Internet:
http://www2.bibb.de/tools/aab/aabberufeliste.php (Stand: 10.02.2009).

BIEL, A.: (Der SOA – Eine Controllerperspektive)
Der Sarbanes-Oxley Act (SOA) – Eine Controllerperspektive, in: *Controlling & Management*, 49. Jg., Heft 1, 2005, S. 15-18.

BIEL, A.: (Controller-Leitbild)
Controller-Statements: Controller-Leitbild, Internationaler Controllerverein (Hrsg.), 2. Aufl., Gauting 2007.

BIEL, A.: (Controller-Anforderungen)
Controller-Statements: Controller-Anforderungen, Selbstverständnis und Chancen, Internationaler Controllerverein (Hrsg.), 2. Aufl., Gauting 2008.

BINDER, C.: (Entwicklung des Controllings als Teildisziplin der BWL)
Die Entwicklung des Controllings als Teildisziplin der Betriebswirtschaftslehre – Eine explorativ-deskriptive Untersuchung, Wiesbaden 2006.

BINDER, C./SCHÄFFER, U.: (Controllinglehrstühle)
Controllinglehrstühle und ihre Inhaber – Ein Überblick, in: WEBER, J./MEYER, M. (Hrsg.): *Internationalisierung des Controllings – Standortbestimmung und Optionen*, Wiesbaden 2005, S. 11-27.

BÖER, G.: (MA Education: Yesterday, Today, and Tomorrow)
Management Accounting Education: Yesterday, Today, and Tomorrow, in: *Issues in Accounting Education*, Bd. 15, Heft 2, 2000, S. 313-334.

BRAMSEMANN, R.: (Berufsfeldbezogene Controller-Ausbildung)
Berufsfeldbezogene Controller-Ausbildung an Hochschulen, in: SIEGWART, H./MAHARI, J./CAYTAS, I./SANDER, S. (Hrsg.): *Meilensteine im Management – Management Controlling*, Stuttgart 1990, S. 285-306.

BREWER, P.: (Redefining Management Accounting)
Redefining Management Accounting – Promoting the four pillars of our profession, in: *Strategic Finance*, Bd. 89, Heft 9, 2008, S. 26-34.

BRONSERT, A.: (Schatzmeister)
Schatzmeister, Schwarzseher und Spürhunde, in: *Hochschulanzeiger*, Nr. 96, 2008, S. 56.

BUNDESMINISTERIUM DER JUSTIZ: (HRG)
Hochschulrahmengesetz, im Internet:
http://bundesrecht.juris.de/hrg/BJNR001850976.html#BJNR001850976BJNG000102310 (Stand: 17.03.2009).

BUREAU OF LABOR STATISTICS: (Occupational Handbook)
U.S. Department of Labor, *Occupational Outlook Handbook, 2008-09 Edition*, im Internet: http://www.bls.gov/oco/ocos001.htm (Stand: 05.01.2009).

CHOW, C./SHIELDS, M./WU, A.: (Importance of national culture)
The importance of national culture in the design if a preference for management controls for multinational operations, in: *Accounting, Organizations and Society*, 24. Jg., Heft 5/6, 1999, S. 441-461.

CIESIELSKI, J./WEIRICH, T.: (SEC goes International)
The SEC goes International, in: *Strategic Finance*, Bd. 90, Heft 6, 2008, S. 32-37.

COE, M./DELANEY, J.: (Certifications)
The Impact of Certifications on Accounting Education, in: *Strategic Finance*, Bd. 90, Heft 1, 2008, S. 47-51.

CORDES, T.: (German Controller's Experiences)
German Controller's US Experience, in: *Controller-Magazin*, Heft 2, 1987, S. 91-93.

CUMMINGS, B./BENNET, B./NORMAND, C.: (Accounting Program)
Meeting the Challenge: The University Accounting Program Corporate America Needs, in: *Management Accounting Quarterly*, Bd. 2, Heft 2, 2001, S. 4-12.

DEYHLE, A./GÜNTHER, C.: (How to train a Controller)
„How to train a Controller?", in: GLEICH, R./SEIDENSCHWARZ, W. (Hrsg.): *Die Kunst des Controlling*, München 1997, S. 407-419.

DOUPNIK, T./RICHTER, M.: (uncertainty expressions)
Interpretation of uncertainty expressions: a cross-national study, in: *Accounting, Organizations and Society*, Bd. 28, Heft 1, 2003, S. 15-35.

DONOGHUE, A.: (Masters of Information)
Masters of Information: How the Top Controllers Add Value, in: *Financial Executive*, Bd. 14, Heft 2, S. 25-26.

DUTTA, S./LAWSON, R.: (Boosting MA's Stature)
Boosting Management Accounting's Stature on Campus, in: *Strategic Finance*, Bd. 89, Heft 6, 2007, S. 42-47.

FERRERA, W.: (Topics Worthy of Discussion and Effort)
Topics Worthy of Continued Discussion and Effort – Even after Forty Years of Trying, in: *Journal of Management Accounting Research*, Bd. 19, 2007, S. 171-179.

FUNK, W./ROSSMANITH, J.: (Internationalisierung der Rechnungslegung)
Internationalisierung der Rechnungslegung und des Controllings - Einflussfaktoren und Auswirkungen, in: FUNK, W./ROSSMANITH, J. (Hrsg.): *Internationale Rechnungslegung und Internationales Controlling: Herausforderungen-Handlungsfelder-Erfolgspotenziale*, Wiesbaden 2008, S. 3-76.

FRIEDLE, G./KÜPPER, H.-U./PEDELL, B.: (Relevance Added)
Relevance Added: Combining ABC with German Cost Accounting, in: *Strategic Finance*, Bd. 86, Heft 12, 2005, S. 56-61.

GARG, A./GHOSH, D./HUDICK, J./NOWACKI, C.: (Roles and Practices in MA Today)
Roles and Practices in Management Accounting Today – Results from the 2003 IMA-E&Y Survey, in: *Strategic Finance*, Bd. 85, Heft 1, 2003, S. 30-35.

GILL, L.: (IFRS: Coming to America)
IFRS: Coming to America, in: *Journal of Accountancy*, Bd. 203, Heft 6, 2007, S. 70-73.

GLAUM, M.: (Bridging the GAAP)
Bridging the GAAP: The Changing Attitude of German Managers towards Anglo-American Accounting and Accounting Harmonization, in: *Journal of International Financial Management and Accounting*, Bd. 11, Heft 1, 2000, S. 23-47.

GRANDLUND, M./LUKKA, K.: (Small World of MA Practices)
It's a Small World of Management Accounting Practices, in: *Journal of Management Accounting Research*, 10. Jg., 1998, S. 185-211.

HAHN, D.: (Controlling in Deutschland)
Controlling in Deutschland – State of the Art, in: GLEICH, R./ SEIDENSCHWARZ, W. (Hrsg.): *Die Kunst des Controlling*, München 1997, S. 13-46.

HAHN, D./HUNGENBERG, H.: (PuK)
PuK – Wertorientierte Controllingkonzepte, 6. Aufl., Wiesbaden 2001.

HASALL, T./JOYCE, J./MONTANO, J./ANES, J.: (vocational skills)
Priorities for the development of vocational skills in management accountants: A European perspective, in: *Accounting Forum*, Bd. 29, Heft 4, 2005, S. 379-394.

HEBELER, C.: (Harmonisierung des Rechnungswesens)
Harmonisierung des internen und externen Rechnungswesens – US-amerikanische Accounting-Systeme als konzeptionelle Grundlage für deutsche Unternehmen?, Wiesbaden 2003.

HIRSCH, B.: (Lehre im Fach Controlling)
Zur Lehre im Fach Controlling – Eine empirische Bestandsaufnahme an deutschsprachigen Universitäten, in: WEBER, J./HIRSCH, B.: *Zur Zukunft der Controllingforschung – Empirie, Schnittstellen und Umsetzung in der Lehre*, Wiesbaden 2003, S. 249-266.

HIRSCH, B.: (Controllingausbildung an Universitäten)
Die Controllingausbildung an Universitäten – empirische Erkenntnisse, in: *Controlling & Management*, 48. Jg., 2004, Heft 2, S. 78-80.

HIRSCH, B./MERTINS, C.: (Management Accounting in USA)
Management Accounting in den USA, in: *Controller-Magazin*, Bd. 33, Heft 2, 2008, S. 14-19.

HOFFJAN, A.: (Haben Controller ein Imageproblem?)
Haben Controller ein Imageproblem?, in: *Controlling & Management*, 47. Jg., 2003, Heft 5, S. 298-300.

HOFFJAN, A.: (Comparative Management Accounting)
Comparative Management Accounting – Vergleich des anglo-amerikanischen Management Accounting und des deutschen Controllings, in: *Controlling*, Heft 12, 2008, S. 655-661.

HOFFJAN, A./NEVRIES, P./WÖMPENER, A.: (Andere Länder)
Andere Länder - andere Sitten – Kulturelle Einflüsse auf das internationale Controlling, in: *Controlling & Management*, 49. Jg., 2005, Heft 4, S. 290-295.

HOFFJAN, A./WÖMPENER, A.: (Comparative Management Accounting)
Comparative Management Accounting – Similarities and differences in German and English language Management Accounting textbooks, in: WEBER, J./MEYER, M. (Hrsg.): *Internationalisierung des Controllings – Standortbestimmung und Optionen*, Wiesbaden 2005, S. 49-65.

HORNGREN, C./DATAR, S./FOSTER, G./RAJAN, M./ITTNER, C.: (Cost Accounting)
Cost Accounting – A Managerial Emphasis, 13th Edition, New Jersey 2006.

HORNGREN, C./SUNDEM, G./STRATTON, W.: (Introduction to MA)
Introduction to Management Accounting, 12th Edition, New Jersey 2002.

HORVÁTH, P.: (Controlling)
Controlling, 10. Aufl., München 2006.

HORVÁTH, P.: (Controller: Navigator der Führung)
Der Controller: Navigator der Führung – von der Kostensenkung zur strategischen Steuerung, in: *Frankfurter Allgemeine Zeitung* (28.05.2001), S. 33.

HOWELL, R.: (The CFO)
The CFO: From Controller to Global Strategic Partner, in: *Financial Executive*, Bd. 22, Heft 3, 2006, S. 20-25.

IGC: (Controller-Leitbild)
Controller Leitbild, im Internet:
http://www.igc-controlling.org/DE/_leitbild/leitbild.php (Stand: 09.02.2009).

IMA: (Definition of Management Accounting)
Definition of Management Accounting, in: *Statement on Management Accounting (SMA)*, 2008, im Internet:
http://www.imanet.org/pdf/definition.pdf (Stand: 11.02.2009).

IMA: (Asked Questions)
IMA Frequently Asked Questions, im Internet:
http://www.imanet.org/about_faqs.asp#5 (Stand: 09.03.2009).

IMA: (About Management Accounting)
About Management Accounting, im Internet:
http://www.imanet.org/about_management.asp (Stand: 10.02.2009).

INGLIS, R./DALL'ALBA, G.: (re-design of a MA course)
The re-design of a Management Accounting course based upon principles for improving the quality of teaching and learning, in: *Accounting Education*, Bd. 7, Heft 3, 1998, S. 193-207.

JONES, C./LUTHER, R.: (Globalization and management accounting)
Globalization and management accounting in Germany, Paper submitted to 8th Interdisciplinary Perspectives on Accounting Conference, Prifysgol Caerdydd, 10-12 July 2006, im Internet:
http://www.cf.ac.uk/carbs/news_events/events/past/conferences/ipa/ipa_papers/00199.pdf (Stand: 25.02.2009).

KEYS, D./VAN DER MERWE, A.: (German vs. US Cost Management)
German vs. United States Cost Management – What Insights does German Cost Management have for U.S. Companies?, in: *Management Accounting Quarterly*, Bd. 1, Heft 1, 1999, S. 1-9.

KRACHT, T.: (Karrieremodelle im Controlling)
Karrieremodelle im Controlling – Wege an die Unternehmensspitze, Vortragsunterlagen für den 33. Congress der Controller – „Controlling-Zukunft gestalten", München, 21. April 2008, im Internet:
http://www.controllerverein.de/cc.89694.html? (Stand: 22.04.09).

KRUMWIEDE, K.: (Rewards and Realities of German Cost Accounting)
Rewards and Realities of German Cost Accounting, in: *Strategic Finance*, Bd. 86, Heft 10, 2005, S. 26-35.

KRUMWIEDE, K./SUESSMAIR, A.: (Comparing Cost Accounting Methods)
Comparing U.S. and German Cost Accounting Methods, in: *Management Accounting Quarterly*, Bd. 8, Heft 3, 2007, S. 1-9.

KRUMWIEDE, K./SUESSMAIR, A.: (Getting Down)
Getting Down to Specifics on RCA, in: *Strategic Finance*, Bd. 88, Heft 12, 2007, S. 50-55.

KRUMWIEDE, K./SUESSMAIR, A.: (A Closer Look)
A Closer Look at German Cost Accounting Methods, *Management Accounting Quarterly*, Bd. 10, Heft. 1, 2008, S. 37-50.

KÜPPER, H.-U.: (Controlling)
Controlling – Konzeption, Aufgaben, Instrumente, 4. Aufl., Stuttgart 2005.

KÜPPER, H.-U./WEBER, J./ZÜND, A.: (Verständnis des Controlling)
Zum Verständnis und Selbstverständnis des Controlling – Thesen zur Konsensbildung, in: *Zeitschrift für Betriebswirtschaft*, 60. Jg., Heft 3, 1990, S. 281-293.

LARSON, R./BRADY, T.: (Incorporating IFRS)
Incorporating IFRS into the Accounting Curriculum, in: *Strategic Finance*, Bd. 90, Heft 8, 2009, S. 23-25.

LE MONT SCHMIDT, P.: (Wirtschaftskultur im Vergleich)
Die amerikanische und die deutsche Wirtschaftkultur im Vergleich – Ein Praxishandbuch für Manager, 5. neu bearb. Aufl., Göttingen 2003.

LÖWER, C.: (Aus Controllern werden Lotsen)
Aus Controllern werden Lotsen, in: *Handelsblatt* vom 11.02.2005, im Internet: http://www.handelsblatt.com/unternehmen/strategie/aus-controllern-werden-lotsen;858344 (Stand: 04.03.09).

LIXENFELD, C.: (Die heimlichen Co-Piloten)
Die heimlichen Co-Piloten, in: *Handelsblatt* vom 18.12.2007, im Internet: http://www.handelsblatt.com/unternehmen/strategie/die-heimlichen-co-piloten;1363379 (Stand:04.03.09).

MAC ARTHUR, J.: (Cultural Influences on MA)
Cultural Influences on German versus U.S. Management Accounting Practices, in: *Management Accounting Quarterly*, Bd.7, Heft 2, 2006, S. 10-16.

MAHER, M.: (MA Education at the Millenium)
Management Accounting Education at the Millenium, in: *Issues in Accounting Education*, Bd. 15, Heft 2, 2000, S. 335-346.

MARSHALL, D./MC MANUS,W./VIELE, D.: (Accounting)
Accounting – What the numbers mean, 8th Edition, New York 2008.

NEUS, W.: (Einführung in die Betriebswirtschaftslehre)
Einführung in die Betriebswirtschaftslehre aus institutionenökonomischer Sichtweise, 3. Aufl., Tübingen 2003.

NICOLAISEN, D.: (Statement by SEC Staff)
Statement by SEC Staff: A Security Regulator Looks at Convergence, im Internet:
http://www.sec.gov/news/speech/spch040605dtn.htm (Stand: 24.02.2009).

NMWK: (Berufsakademien)
Berufsakademien, im Internet:
http://www.mwk.niedersachsen.de/master/C357256_N6960_L20_D0_I731.html#
(Stand: 12.03.2009).

o.V.: (Controller: gesuchte Zahlenprofis)
Controller: Stets gesuchte Zahlenprofis, in: *Das Wirtschaftsstudium*, Bd. 33, Heft 4, 2004, S. 404-406.

o.V.: (Creating Value, Not Just Measuring It)
Creating Value, Not Just Measuring It: The Vital Role of Management Accountants, im Internet:
http://www.imanet.org/pdf/IMA_Cover_Story4.pdf (Stand 30.02.2009).

PAETZMANN, K.: (Internationalisierung des Controlling)
Zur Internationalisierung des Controlling, in: WEBER, J./MEYER, M. (Hrsg.): *Internationalisierung des Controllings – Standortbestimmung und Optionen*, Wiesbaden 2005, S. 291-313.

PAHL, J.: (Berufsfelder)
Berufsfelder – Basis fachwissenschaftlicher und didaktischer Reflexionen beruflichen Lernens, in: HÄFELI, K./WILD-NÄF, M./ELSÄSSER, T. (Hrsg.): *Berufsfelddidaktik: Zwischen Fachsystematik und Handlungskompetenz*, Baltmannsweiler 2001, S. 17-37.

PAUSENBERGER, E./ROTH, A.: (Störfaktoren im Controlling)
Störfaktoren im internationalen Studium, in: *Schmalenbachs Zeitschrift für betriebswirtschaftliche Forschung*, Bd. 49, Heft 6, 1997, S. 580-596.

PIPKIN, A.: (The 21st Century Controller)
The 21st Century Controller, in: *Management Accounting*, Bd. 70, Heft 8, 1989, S. 21-25.

PISTONI, A./ZONI, L.: (undergraduate education perspective)
Comparative management accounting in Europe: an undergraduate education perspective, in: *The European Accounting Review*, Bd. 9, Heft 2, 2000, S. 285-319.

PLININGER, P.: (Ausbildung zum CMA)
Ausbildung zum Certified Management Accountant (CMA), in: *Controlling & Management*, 50. Jg., 2006, Heft 1, S. 30-34.

POUNDER, B.: (Globalization)
How Globalization is Affecting U.S. Accountants, in: *Strategic Finance*, Bd. 88, Heft 7, 2007, S. 40-45.

REGIERUNGSKOMMISSION: (DCGK)
Deutscher Corporate Governance Kodex (in der Fassung von 6. Juni 2008), im Internet: http://www.corporate-governance-code.de/ger/download /D_Ko dex%202008_final.pdf (Stand: 25.02.2009).

REICHMANN, T.: (Controlling)
Controlling mit Kennzahlen und Management Tools – Die systemgestützte Controlling-Konzeption, 7. überarb. u. erweit. Auflage, München 2006.

REIMER, M./ORTH, M.: (Controllingausbildung an deutschen Unis)
Die Bedeutung verhaltensorientierter Aspekte in der Controllingausbildung an deutschen Universitäten, in: Zeitschrift für Planung & Unternehmenssteuerung, Heft 19, 2008, S. 185-205.

RIESENHUBER, M./KÖSTERS, M./MAIER, M./SCHACHNER, T.: (Nachwuchs denkt?)
Controlling und Controllership: Was der Nachwuchs denkt - Eine Befragung von über 600 Controlling-Studenten zu ihren Erwartungen an den Beruf des Controllers, in: Controlling & Management, 47. Jg., Heft 3, 2003, S. 154-157.

ROCKEL, T.: (Deutschland entdeckt Controlling)
Deutschland entdeckt Controlling neu, in: Controller-Magazin, Bd. 30, Heft 5, 2005, S. 438.

ROEHL-ANDERSON, J./BRAGG, S.: (Controllership)
Controllership – The Work of the Managerial Accountant, 7th Edition, New Jersey 2004.

ROSO, M./VORMWEG, R./WALL, F.: (Controlling-nahe Begriffe)
Controlling-nahe Begriffe in Deutschland und USA – Eine vergleichende Lehrbuchanalyse, in: Controlling & Management, 47. Jg., 2003, Heft 1, S. 56-61.

ROSO, M./VORMWEG, R./WALL, F.: (Controlling im Spiegel Literatur)
Controlling im Spiegel deutscher und amerikanischer Literatur – Eine vergleichende Lehrbuchanalyse, in: WEBER, J./MEYER, M. (Hrsg.): Internationalisierung des Controllings – Standortbestimmung und Optionen, Wiesbaden 2005, S. 67-83.

RÜCKLE, H.: (Person des Controllers)
Die Person des Controllers, in: GLEICH, R./SEIDENSCHWARZ, W. (Hrsg.): Die Kunst des Controlling, München 1997, S. 381-406.

RUSSEL, K./SIEGEL, G./KULESZA, C.: (Counting More, Counting Less)
Counting More, Counting Less – Transformations in the Management Accounting Profession, in: Strategic Finance, Bd. 81, Heft 3, 1999, S. 39-46.

RUSSEL, K./SMITH, C.: (time for a new curriculum)
Accounting Education's Role in Corporate Malfeasance: It's time for a new curriculum, in: Strategic Finance, Bd. 85, Heft 6, 2003, S. 46-51.

RUSSELL, K./KULESZA, B./ALBRECHT, S./SACK, R: (Accounting Education)
Accounting Education: Charting the Course Through a Perilous Future, in: *Management Accounting Quarterly*, Bd. 2, Heft 1, 2000, S. 4-11.

SAP: (Controlling)
Controlling (CO), im Internet:
http://help.sap.com/saphelp_erp2005/helpdata/de/fe/2f793485231774e10000009b38f83b/content.htm (Stand: 26.02.2009).

SCHÄFFER, U./BINDER, C.: ("Controlling" as academic discipline)
"Controlling" as academic discipline: the development of management accounting and management control research in German-speaking countries between 1970-2003, in: *Accounting History*, Bd. 13, Heft 1, 2008, S. 13-74.

SCHERRER, G.: (MA – A German Perspective)
Management Accounting – A German Perspective, in: BHIMANI, A. (Hrsg.): *Management Accounting – European Perspectives*, Oxford 1996, S. 100-122.

SCHÖNFELD, H.: (Controlling in den USA)
Controlling-Konzept und Controller-Funktionen in den USA, in: MAYER, E./VON LANDSBERG, G./THIEDE, W. (Hrsg.): Controlling-Konzepte im internationalen Vergleich, Freibug 1986, S. 133-164.

SCHÖNFELD, H.: (Entwicklung des MA in den USA)
Entwicklung des Management Accounting in den USA, in: MÄNNEL, W. (Hrsg.): *Handbuch Kostenrechnung*, Wiesbaden 1992, S. 348-359.

SCHRAGE, R.: (SOA)
Sarbanes Oxley Act (SOA) – Erfahrungen und Perspektiven eines Controllers, in: *Controller-Magazin*, Bd. 30, Heft 5, 2005, S. 481-484.

SEGGEBRUCH, G.: (Controller-Karriere)
Controller-Karriere: Marktlage, Erfolgsfaktoren und Entwicklungen - Erfahrungen einer Personalberaterin, in: *Kostenrechnungspraxis* im Interview mit J. Sandt, 44. Jg, 2000, Heft 2, S. 119-122.

SHARMAN, P.: (Case for Management Accounting)
The Case for Management Accounting, in: *Strategic Finance*, Bd. 85, Heft 4, 2003, S. 42-47.

SHARMAN, P.: (Bring on German Cost Accounting)
Bring on German Cost Accounting, in: *Strategic Finance*, Bd. 85, Heft 6, 2003, S. 30-38.

SHARMAN, P.: (An American Perspective on German Controlling)
An American Perspective on German Controlling – Unexpected Praise for German Controlling Practice, in: *Controlling & Management* im Interview mit E. Zayer, 49. Jg., Heft 5, 2005, , S. 322-326.

SHARMAN, P./VIKAS, K.: (Lessons from German Accounting)
Lessons from German Cost Accounting, in: *Strategic Finance*, Bd. 86, Heft 6, 2004, S. 28-35.

SHERIDAN, T.: (Management accounting in global corporations)
Management accounting in global European corporations: Anglophone and continental viewpoints, in: *Management Accounting Research*, Bd. 6, Heft 3, 1995, S. 287-294.

SHIELD, M.: (MA practices in Europe)
Management accounting practices in Europe: A perspective from the States, in: *Management Accounting Research*, Bd. 9, Heft 4, 1998, S. 501-513.

SIEGEL, G.: (Skills Needed)
Skills Needed for Entry-Level Management Accounting Positions, in: *Strategic Finance*, Bd. 81, Heft 10, 2000, S. 79-80.

SIEGEL, G./KULESZA, C.: (Practice Analysis)
Practice Analysis of Management Accounting, in: *Management Accounting*, Bd. 77, Heft 10, 1996, S. 20-29.

SIEGEL, G./SORENSEN, J.: (What America wants in Accountants)
What Corporate American Wants in Entry-Level Accountants, in: *Management Accounting*, Bd. 76, Heft 3, 1994, S. 26-31.

SIEGEL, G./SORENSEN, J./RICHTERMEYER, S.: (Part 1)
Part 1 – Are you a Business Partner, in: *Strategic Finance*, Bd. 85, Heft 3, 2003, S. 38-43.

SIEGEL, G./SORENSEN, J./RICHTERMEYER, S.: (Part 2)
Part 2 – Becoming a Business Partner, in: *Strategic Finance*, Bd. 85, Heft 4, 2003, S. 37-41.

SIEGWART, H.: (amerikanisches und deutsches Controlling)
Worin unterscheiden sich amerikanisches und deutsches Controlling?, in: *IO-Management-Zeitschrift*, Bd. 51, Heft 2, 1982, S. 97-101.

SKRZIPEK, M.: (Shareholder Value versus Stakeholder Value)
Shareholder Value versus Stakeholder Value – Ein Vergleich des US-amerikanischen Raums mit Österreich, Wiesbaden 2005.

STOFFEL, K.: (Controllership im Vergleich)
Controllership im internationalen Vergleich, Wiesbaden 1995.

SUTTHIWAN, A./CLINTON, D.: (Controllership and Compliance)
The Conflicting Roles of Controllership and Compliance, in: *Strategic Finance*, Bd. 90, Heft 1, 2008, S. 42-46.

TATIKONDA, L.: (Naked Truths about Accounting Curricula)
Naked Truths about Accounting Curricula, in: *Management Accounting Quarterly*, Bd. 5, Heft 4, Summer 2004, S. 62-73.

THOMSON, J.: (Anatomy of a Plan)
Anatomy of a Plan – Better Practices for Management Accountants, in: *Strategic Finance*, Bd. 89, Heft 4, 2007, S. 21-28.

TIEMANN, M.: (Berufsfelder im Vergleich)
Berufsfelder im Vergleich – Die Wichtigkeit von analytischen Tätigkeiten und überfachlichen Qualifikationen, Vorabveröffentlichung des im Frühjahr 2009 erscheinenden Bandes: *Öffnung von Arbeitsmärkten und Bildungssysteme. Beiträge zur Berufsbildungsforschung*, im Internet:
http://www.bibb.de/dokumente/pdf/a22_bibb-baua_tie_preprint1.pdf (Stand: 11.02.2009).

TIEMANN, M./SCHADE, H./HELMRICH, R./HALL, A./BRAUN, U./ BOTT, P.: (Berufsfeld Def.)
Berufsfeld-Definitionen des BiBB, im Internet:
http://www.bibb.de/dokumente/pdf/a22_BIBB-Berufsfelder_010508.pdf
(Stand: 11.02.2009).

TSAKUMIS, G./CAMPBELL, D./DOUPNIK, T.: (Beyond the Standards)
IFRS: Beyond the Standards, in: *Journal of Accountancy*, Bd. 207, Heft 2, 2009, S. 34-39.

VAN DEN BRINK, H./KOKKE, K./DE LOO, I./NEDERLOF, P./VERSTEGEN, B.: (Teaching MA)
Teaching management accounting in a competencies-based fashion, in: *Accounting Education*, Bd. 12. Heft 3, 2003, S. 245-259.

VON LANDSBERG, G./MAYER, E.: (Berufsbild des Controllers)
Berufsbild des Controllers, Stuttgart 1988.

WALTER, M.: (Anforderungen an Forschung und Lehre)
Anforderungen der Praxis an Forschung und Lehre, in: WEBER, J./HIRSCH, B. (Hrsg.): *Controlling als akademische Disziplin – Eine Bestandsaufnahme*, Wiesbaden 2002, S. 409-414.

WEBER, J.: (Controller-Excellence)
Controller-Excellence: Was sollten Controller zukünftig wie leisten?, in: *Information Management & Consulting*, Heft 18, Sonderausgabe, 2003, S. 68-73.

WEBER, J.: (USA als Referenz?)
Die USA als Referenz?, in: *Controlling & Management*, 48. Jg., 2004, Heft 5, S. 281.

WEBER, J.: (Rollen der Controller)
Rollen der Controller – Theoretische Herleitung und empirische Erkenntnisse, in: WEBER, J./VATER, H./SCHMIDT, W./REINHARD, H./ ERNST, E. (Hrsg.): *Die neue Rolle des Controllers – Aufgaben, Anforderungen, Best Practices*, Stuttgart 2008, S. 3-14.

WEBER, J.: (Von Top-Controllern lernen)
Von Top-Controllern lernen – Controlling in den DAX 30-Unternehmen, Weinheim 2008.

WEBER, J./HIRSCH, B. /RAMBUSCH, R./SCHLÜTER, H./SILL, F. /SPA- TZ, A.: (Controlling 2006)
Controlling 2006 – Stand und Perspektiven, Vallendar 2006.

WEBER, J./MEYER, M.: (Controlling im Spannungsfeld)
Controlling im Spannungsfeld der Internationalisierung, in: WEBER, J./MEYER, M. (Hrsg.): *Internationalisierung des Controllings – Standortbestimmung und Optionen*, Wiesbaden 2005, S. 3-8.

WEBER, J./SCHÄFFER, U.: (Balanced Scorecard)
Balanced Scorecard & Controlling: Implementierung – Nutzen für Manager und Controller – Erfahrungen in deutschen Unternehmen, 3. überarb. Aufl., Wiesbaden 2000.

WEBER, J./SCHÄFFER, U.: (Einführung Controlling)
Einführung in das Controlling, 11., überarb. Aufl., Stuttgart 2006.

WEBER, J./SCHÄFFER, U./PRENZLER, C.: (A German Perspective)
Characterising and Developing controller Tasks – A German Perspective, *CCM-Forschungspapiere 3*, Vallendar 2001.

WEIßENBERGER, B.: (Controlling – Forschung und Lehre)
Controlling als Teilgebiet der Betriebswirtschaftslehre – konzeptionelle Einordnung und Konsequenzen für Forschung und Lehre, in: WEBER, J./HIRSCH, B. (Hrsg.): *Controlling als akademische Disziplin – Eine Bestandsaufnahme*, Wiesbaden 2002, S. 389-407.

WEIßENBERGER, B.: (Integration der Rechnungslegung)
Integration der Rechnungslegung unter IFRS – Ergebnisse des Arbeitskreises „Controller und IFRS" der International Group of Controlling, in: *Controlling*, Heft 8/9, 2006, S. 409-415.

WHITE, L.: (Why Look at German Cost Management?)
Why Look at German Cost Management?, in: *Strategic Finance*, Bd. 86, Heft 3, 2004, S. 6-7.

WIEMER, W.: (Gemeinsam sind wir stärker)
Gemeinsam sind wir stärker – Controlling und Accounting wachsen zusammen, in: *Controller-Magazin*, Bd. 31, Heft 4, 2006, S. 337-341.

ZIRKLER, B.: (Führungsorientiertes US-amerikanisches MA)
Führungsorientiertes US-amerikanisches Management Accounting, Entwicklung – Aufgabenfelder – Spezifika, Wiesbaden 2002.